Waltraud Maria Hulke

Meditationen und Affirmationen

Eine spirituelle Hausapotheke

KI Verlag Esoterik

1. Auflage 2003
Verlag KI-Esoterik Geiger & Mirtitsch OEG
A-9500 Villach, Postgasse 8, www.ki-esoterik.at
Umschlaggestaltung, Grafik, Satz: Klaus Mirtitsch
Titelbild: Wolfgang Prax
Druck & Bindung: Kreiner Druck
Gedruckt in Österreich

ISBN: 3-902193-02-6

Inhaltsverzeichnis

Dieses Buch ist mit Liebe
den Lichtarbeitern und all
den Suchenden auf ihrem
Weg zum Licht gewidmet.

Vorwort

Gedanken haben eine Schöpferkraft, die mächtiger ist als Atomenergie. Sie haben stets die Tendenz, sich zu realisieren, getreu dem Motto: „Energie folgt dem Gedanken.“ Das gesamte Universum ist die Verkörperung eines göttlichen Gedankens. Vorstellung schafft Wirklichkeit – das ist eine unumstößliche Tatsache und es ist die Basis, die diesem Buch zugrunde liegt. Unsere Gedanken sind mit Magneten zu vergleichen, denn sie ziehen unweigerlich all das an, woran wir beharrlich festhalten und was wir in unserem Geist nähren. Deshalb hängt es ganz entscheidend von der Qualität der Denkrichtung ab, ob ein Mensch unglücklich, erfolglos und leidend ist, oder ob er ein glückliches, gesundes und wohlhabendes Leben führt. Wer sich nämlich innerlich auf Erfolg, Glück und Wohlstand programmiert, der zieht diese geistigen Substanzen, dem Gesetz der Resonanz entsprechend, in sein Dasein und schafft sich damit seine Realität. Wer jedoch in seinem Denken Armut, Misserfolg, Einsamkeit und Not für unabänderlich hält, der bekommt ein demgemäßes Echo, weil sich – wie schon gesagt – die äußerlichen Verhältnisse stets der innerlichen Geisteshaltung maßstabgetreu anpassen.

Himmel und Hölle liegen demzufolge also ganz unmittelbar in uns selbst. Himmlische Gefühle durchströmen uns bei jeder bewussten Hinwendung an das

Gute, Liebevolle, Lichterfüllte und Lebensbejahende, denn damit stehen wir in unmittelbarer Verbindung mit dem Urquell von unermesslicher Kraft und Fülle, der im „Göttlichen Funken" in uns verankert ist. Unendlich viel Gutes geht daraus hervor, wenn wir dem Himmel in uns vertrauen, unserer Intuition folgen und uns von unseren geistigen Führern leiten lassen.

Lieblose, negative und destruktive Gedanken der Angst, des Zweifels und der Sorgen sowie Gefühle von Groll, Rachsucht, Neid, Hass oder Missgunst verdunkeln dagegen unser Gemüt, unser Bewusstsein und damit unsere gesamten Lebensumstände und ziehen uns automatisch in die Tiefe, ins Dunkle – was wir dann als einen schmerzlichen „Weg durch die Hölle" empfinden. Die Entscheidung darüber, welche Richtung in unserem Leben den Vorrang haben soll, liegt also ganz und gar bei uns selbst. Es sind unsere Gedanken, die die Richtung weisen – aufwärts zum Licht und damit zum Glück, zu Gesundheit und Erfolg – oder abwärts, in die Schatten des Mangels und der Unzulänglichkeit, der Sorgen und Kümmernisse. Jeder von uns kann sich die ersehnten, besseren Lebensbedingungen selbst kreieren – und das ganz einfach nur durch eine Veränderung seiner Lebenseinstellung und seiner Sichtweisen.

Je mehr wir uns unbeirrt daranmachen, unsere innere Freiheit zu gebrauchen und unsere Wünsche und Vorstellungen bejahen und zuversichtlich daran festhalten, desto schneller kristallisiert sich die äußere

Wirklichkeit in einer Form heraus, die unserem Glaubensmuster entspricht.

Die Erfolgsgeschichten unzähliger bedeutender Menschen, die aus misslichen Verhältnissen zu höchsten Höhen emporgestiegen sind, beweisen das sehr eindrucksvoll. Wissenschaftliche Versuche haben Messergebnisse gezeigt, die den Beweis dafür erbrachten, dass lebensbejahende, positive und optimistische Gedanken die Zahl der Abwehrzellen erhöhen und ihre Aktivität enorm steigern. Eine pessimistische Lebenseinstellung sowie Ängste, Kummer, Sorgen und Stress blockieren dagegen das Immunsystem ganz empfindlich. Diese für unsere Gesundheit so wichtigen Abwehrkräfte werden also ganz tiefgreifend von unseren Gedanken, Gefühlen und Erinnerungen gesteuert. Abwehrzellen und Gehirnzellen produzieren ihrerseits besondere Botenstoffe, über welche sie sich gegenseitig über ihren Zustand informieren können, womit ihnen nichts verborgen bleibt. Ein Leben, völlig unbelastet von Kummer, Sorgen und Enttäuschungen, das gibt es nicht – darüber sind wir uns alle einig.

Es kommt aber ganz entscheidend darauf an, diese Empfindungen richtig zu bewerten, das heißt, sie anzuschauen, ihren Sinn zu hinterfragen und zu begreifen, um sie dann schließlich auflösen, transformieren und vergessen zu können. Negative Erfahrungen und Geschehnisse dürfen in unseren Gedanken nicht raumgreifend werden, weil sie sonst zu einer unerträglichen Bedrängnis heranwachsen und unser Leben ganz erheblich verdüstern können. Durch positive Bejahungen, Affirmationen und Meditationen haben wir eine sehr wirkungsvolle Möglichkeit, unser Bewusstsein mit aufbauenden, kraftvollen Glaubenssätzen zu motivieren, wobei wir davon ausgehen können, dass das Lichtvolle, Gute, Positive immer den Sieg über die Dunkelheit davonträgt und seine Wirkung eindrucksvoll entfaltet, wenn wir uns darum bemühen.

Die Stufen auf dem Weg zur Überwindung von Hürden und seelischen Tiefen und damit zu den höchsten Höhen unserer Wünsche und Vorstellungen sind in etwa so zu beschreiben:

> Körperliche und geistige Entspannung durch bewusste Atmung;
>
> In die Stille gehen. Positive Bejahungen und Affirmationen zur Einstimmung auf das gewünschte Ziel;
>
> Meditation und dynamisches Beten;
>
> Erweckung der Intuition und Inspiration mit ICH BIN – Suggestionen, um zur lebendigen Einswerdung mit dem Göttlichen zu finden.

Wenn wir unsere unauflösbare, innere Verbundenheit mit dem Göttlichen erst einmal mit ganzer Innigkeit erfahren haben, dann haben wir damit gleichzeitig auch unser göttliches Erbe gefunden und gelangen damit unweigerlich zu einem schöneren, glücklicheren und erfüllteren Leben – zu einem Leben in Gesundheit,

Harmonie, Glück, Erfolg und Wohlergehen. Und das ist es auch, was mein großes Anliegen beim Schreiben dieses Buches war, nämlich meinen Beitrag dafür leisten zu dürfen, dass jeder, der dazu bereit ist, erkennen kann, dass unser Leben nicht vom Zufall bestimmt wird, sondern dem kosmischen Gesetz von Ursache und Wirkung folgt und dass es unser Geist ist, der jede Lebenssituation meistern kann. In jedem scheinbaren Ende liegt ein neuer Anfang, aus jeder Nacht erhebt sich ein neuer Morgen. Alles in unserem Leben hängt einzig und allein von unserem rechten Denken ab. Wir alle können das sein und das haben, was wir wollen, wenn wir nur richtig denken, fühlen und handeln, denn damit aktivieren wir unsere innere Kraftquelle, den „Göttlichen Funken" in uns und öffnen das „Tor zum Frieden". Eine unbegrenzte Schöpferkraft liegt in uns, im Innersten unseres Wesens und wartet nur darauf, durch unsere glaubensstarken Bejahungen erweckt zu werden. Diese Lichtgedanken verhelfen uns schließlich dazu, mit unseren Füßen auf der Erde, aber mit unserem Herzen im Himmel zu sein.

Jeder, der dieses Buch zur Hand nimmt, trägt mit großer Wahrscheinlichkeit die Sehnsucht im Herzen, sein Leben verbessern zu wollen, es zu verschönern und effektiver zu gestalten. Und damit sitzen wir alle gemeinsam im gleichen Boot – als Suchende auf dem Weg zum Licht.

Ich habe einen sehr guten und erfolgversprechenden Weg gefunden, den ich hier in diesem Buch aufgezeigt habe und den ich gerne mit jedem teilen möchte, der sich davon angesprochen fühlt. Dabei war es mein Wunsch, die Herzensenergie zwischen uns zum Schwingen zu bringen, weshalb ich den folgenden Text in der Du-Form verfasst habe, weil ich glaube, dass die vertraute, persönliche Anrede besser dafür geeignet ist, eine Brücke von Herz zu Herz zu bauen.

Mit Licht und Liebe

Waltraud Maria Hulke
16. Oktober 2002

Vorbereitung für die Meditation

Entspannungsübung

Bevor du mit einer Meditation beginnst, ist es sehr hilfreich, in einem vollkommen entspannten Zustand zu sein, Störungen von außen weitgehendst auszuschließen und sich eine Zeitlang vom Alltagsgeschehen zurückzuziehen.

Nimm eine bequeme Stellung ein – aufrecht, mit gerader Wirbelsäule, die Füße, ohne überkreuzt zu sein, fest am Boden. Stelle dir dabei vor, wie imaginäre Lichtwurzeln aus deinen Fußsohlen tief hinein in die Mutter Erde wachsen und dich mit ihr fest verbinden. Dabei atmest du ein und aus und spürst sehr klar, wie die Luft deine Lungen füllt und dann schließlich bis hinunter in deinen Bauchraum fließt.

Lockere nun engsitzende Kleidung oder Gürtel, wenn du das Bedürfnis dazu hast und dann lasse deine Augen langsam zufallen. Fühle nun, wie du dich mit jedem Atemzug mehr und mehr entspannst. Deine Stirn – deine Augen – dein Mund entspannen sich jetzt. Nun legst du deine Zungenspitze sanft an deinen oberen Gaumen und spürst die wohltuende Entspannung auch in deinem Kieferbereich – in deinem Hals – und in deinem Nacken.

Angenehm fließt die Entspannung mit dem nächsten Atemzug jetzt über deine Schultern – in deine Arme – Hände – und Fingerspitzen – und dann, ganz sanft über deinen Rücken und Oberkörper – hinunter in deinen Bauch- und Beckenbereich.

Alles Beengende, Blockierte, Nicht-in-Harmonie-Befindliche löst sich dabei vollkommen auf. Sanft fließt der Strom der Entspannung nun weiter in deine Oberschenkel – deine Beine – in deine Füße – bis zu deinen Zehen. Du fühlst dich jetzt herrlich durchflutet mit harmonischen Energien und wohltuenden Empfindungen und bist nun bereit, der Meditation, die du dir ausgewählt hast, zu folgen.

Sprich dir den Text am besten vorher auf Band, falls du niemanden hast, der dir die Meditation vorliest.

Einhüllen mit Licht

Stelle dir vor, dass jetzt über dir eine leuchtende Lichtkugel erscheint – erfüllt mit weißem, kosmischen Licht – aus der göttlichen Quelle allen Lebens.

Konzentriere dich auf deinen Atem und nimm wahr, wie beim Einatmen dieses reine, weiße Licht als sanfter Sprühregen durch dein Scheitel-Chakra in deinen Körper fließt, die Wirbelsäule entlang durch deinen Oberkörper – deinen Bauchraum – in dein Becken – und schließlich deine Beine entlang bis zu deinen Füßen.

Aus deinen Fußsohlen fließt nun all das aus dir heraus, was dich belastet, blockiert und was dir Sorgen und Kummer bereitet. All das, was deinem höchsten Wohl widerspricht, fließt nun aus deinen Fußsohlen hinein in die Mutter Erde – keinem zum Schaden – um dort vollkommen transformiert und erneuert zu werden. Mit jedem Einatmen nimmst du immer mehr und mehr von diesem wunderbaren göttlichen Licht in dich auf – und mit jedem Ausatmen fühlst du dich nun immer leichter, freier und gelassener. Du nimmst dich dabei als leuchtende Lichtsäule wahr, durchflutet mit kosmischem Licht – verbunden mit deinem Seelenstern, hoch über dir, im göttlichen Bereich und mit deinem Erdstern, tief unter dir, im glühenden Mittelpunkt der Mutter Erde. Dazwischen stehst du, mit deinem leuchtenden Wesensstern, der das göttliche Licht in dir ausdrückt und deine irdische Existenz versinnbildlicht. In diesen lichterfüllten, friedlichen und harmonischen Zustand bist du nun bereit, der Meditation zu lauschen im Bewusstsein, dass Engel und Lichtwesen bei dir sind und einen Kreis um dich herum bilden, um für dich einen sicheren, geborgenen Raum zu schaffen und um dir die Hilfen zufließen zu lassen, die du jetzt brauchst, um deiner höheren Führung und deiner intuitiven Eingebung besser lauschen zu können und so zu folgen, wie es zu deinem höchsten Wohl erforderlich ist.

Rhythmisches Atmen

Eine andere Möglichkeit, um in einen meditativen, entspannten Zustand zu gelangen, liegt darin, ganz ruhig zu sitzen oder zu liegen und sich auf die Atmung zu konzentrieren.

Beobachte dabei, wie die klare, frische Luft mit jedem Einatmen in den Körper einfließt und ihm den lebenserhaltenden Sauerstoff zuführt. Beim Ausatmen fließt alles Unbrauchbare, Überholte wie hinwegziehende Nebelschwaden aus ihm heraus.

Jeder Atemzug wird dabei in drei Teile aufgegliedert, das heißt:

Einatmen – bis 3 zählen
Atem anhalten – bis 3 zählen
Ausatmen – bis 3 zählen.

Auf diese Weise baut sich ein sehr wirkungsvolles rhythmisches Atemmuster auf, das dem Körper Lichtenergie zuführt, ihn auflädt und stärkt und das darüber hinaus eine kraftvolle Energieanhebung im feinstofflichen Bereich mit sich bringt.

Die Entspannungsphasen vor Beginn einer Meditation sind sehr wichtig, denn sie dienen dazu, sich aus dem Alltagsgeschehen besser ausklinken zu können, Sorgen, Stress und Unruhe aus dem Bewusstsein auszublenden, um in einen entspannten Unbewusstseinszustand bzw. in den Alpharhythmus überzuwechseln.

Ich habe hier 3 Techniken vorgestellt, die nach Belieben vor einer Meditation eingesetzt werden können. Edelsteine, Symbole, Kerzen, Farblicht, Duftlampen oder Räucherstäbchen sind sehr wertvolle Energieverstärker, die das geistige Erleben während einer Meditation enorm steigern und veredeln können. Wähle ganz intuitiv und im Vertrauen auf die Höhere Führung für dich das Richtige aus und sei dir dessen bewusst, dass du stets aus dem Lichtreich heraus geführt, geschützt und geleitet bist, wenn du darum bittest.

Sehr wesentlich ist es auch, vor der Meditation darauf zu achten, dass du gut geerdet bist, denn das ist eine wichtige Voraussetzung, um zu höheren Bewusstseinsebenen gelangen zu können. Je stärker deine Verbindung zur Erde ist, desto größer ist die Möglichkeit für dein geistiges Wachstum. Aber auch beim Zurückkommen nach einer spirituellen Reise ist eine gute Erdung außerordentlich wichtig, da man ansonsten unkonzentriert, abgehoben und geistesabwesend ist, was beim Zurückkehren in den Alltag geradezu gefährlich sein kann.

Tipps zur Erdung:

Verwendung eines Erdungssteines z. B. Roter Jaspis, Hämatit, Schwarzer Turmalin, Onyx, Schneeflockenobsidian, Granat, Rubin

Wasser trinken

Bachblüte Clematis

Aura-Soma Nr. 5 Rot/Rot
auf die Fußsohlen auftragen *

Aura-Soma Pomander Rot
in die Aura einfächeln *

Visuell Lichtwurzeln aus den Fußsohlen
in die Erde wachsen lassen

Visualisieren von roter Erde
oder schwarzem Sand

Farblichtbestrahlung mit der Farbe Rot *

Farbenergiespender „Erdung" *

* Bezugsquelle siehe Anhang

Der Sonnenaufgang

In deiner Vorstellung stehst du jetzt auf einem Berg und wendest dein Gesicht dem Osten zu, mit dem Wunsch, den Sonnenaufgang zu betrachten und mitzuerleben. In deinen Gedanken stellst du dich bereits auf das bald vor deinen Augen erscheinende Sonnenlicht ein – auf das Sonnenlicht, die Quintessenz des Universums. Und es wird dir ganz klar bewusst, dass das Licht der Sonne alle notwendigen Elemente in sich trägt, die als Voraussetzung für jegliche Form organischer Existenz dienen.

Die gesamte Schöpfung verdankt ihr Bestehen diesen Lichtstrahlen, die sowohl unsere Erde, als auch die Ozeane, die Atmosphäre sowie alle anderen Planeten und deren Lebewesen erleuchten und wärmen. Die Sonne – eine lichtvolle, wärmende, lebensspendende Kraft, die reich versehen ist mit einer Fülle von feinstofflichen Elementen, die dir bei deiner spirituellen Weiterentwicklung sehr hilfreich sein können.

All das führst du dir jetzt ganz klar zu Bewusstsein und erwartest nun mit Freude und Dankbarkeit das Aufleuchten der ersten Sonnenstrahlen am Horizont. Der Himmel ist mit einem sanften Rosa überzogen, während die Sonne ihren Tageslauf beginnt.

Es ist die Sonne, die am besten die göttliche Vollkommenheit zum Ausdruck bringen kann, indem sie beständig allen Lebewesen, ohne Ausnahme, ihre Wärme und ihr Licht spendet. Wenn du die leuchtende Sonne in ihrer ganzen Pracht länger betrachtest, wirst du es zu spüren bekommen, dass zwischen ihr und dir Ströme zu kreisen beginnen, die Formen und Farben einer anderen Welt hervorzaubern. Sie ist das Zentrum des universellen Wissens, der universellen Macht, die sie über ihre 7 Farbstrahlen des Regenbogens ausdrückt. Das Licht der Sonne ist Leben, es ist Nahrung, die du über die Atmung zu dir nehmen kannst. Fange es auf, dieses Licht, um es in dir zu verdichten, damit es sich zu Gefühlen, Gedanken und Inspirationen verwandeln kann, um mit seiner göttlichen Essenz dein ganzes Wesen zu erfüllen, zu erleuchten und zu veredeln.

Atme es bewusst ein, dieses flüssige Gold, bade geistig darin, versuche es zu trinken und stelle dir dabei vor, dass sich lebendiges Licht in allen deinen Zellen und Organen ausbreitet und sie vollkommen reinigt, stärkt und belebt.

Je mehr du die Sonne mit Liebe betrachtest, umso mehr goldene Energie wirst du von ihr empfangen, in Form von Gesundheit, Glück, Harmonie und Zufriedenheit, denn das Licht der Sonne enthält unermessliche Reichtümer.

Wende jetzt deine ganze Aufmerksamkeit liebevoll dem Sonnenlicht zu. Du öffnest damit alle Kanäle in dir, durch die das Licht in dich einfließen kann. Es reinigt dabei deine Gefühle, erhellt dein Gemüt und verbessert deine gesamten Lebensumstände.

Die lebendigen Lichtstrahlen sammeln sich jetzt auch in deinen Gehirnzellen und ganz besonders in deinem Solarplexus, der einem Reservoir gleicht, in dem sich ätherische Goldpartikel ansammeln können, damit du nach Bedarf daraus schöpfen kannst. Betrachte diesen magischen Vorgang mit großer Andacht und Dankbarkeit, spüre, wie sich das Licht in dir verstärkt und wie nach und nach neue Energie in dir zu vibrieren beginnt. Nun kannst du Farbengel und Lichtwesen zu dir bitten und einen Dialog mit ihnen führen im Bestreben, immer liebevoller, warmherziger und lebendiger werden zu wollen – und immer lichtvoller.

Gestärkt und erneuert kannst du nun dieses Licht, das du von der Sonne empfangen hast, hinaussenden – hinaus in die Welt. Schicke es jemandem, den du liebst und dem du auf diese Weise deine Liebe zeigen möchtest. Durchflute ihn mit den Lichtstrahlen, die du soeben in dich aufgenommen hast und stelle dir dabei vor, dass alle Zellen, alle Organe seines Körpers davon durchdrungen werden und ihn reinigen, beleben, erneuern und heilen. Darin liegt nämlich das wahre Geheimnis der spirituellen Heilung.

Je mehr du dich dem Licht der Sonne hingibst, umso mehr näherst du dich deinem solaren Ursprung, deinem „Höheren Selbst", dem Göttlichen in dir, in dem sich die Quelle allen Heils befindet.

Das wahre Geheimnis der spirituellen Heilung liegt also darin, ein Wesen mit den Strahlen des Lichtes geistig durchfluten zu können, mit kraftvollen, lichten

Schwingungen, die göttliche Vollkommenheit zum Ausdruck bringen.

Über die Sonne kannst du dich ganz unmittelbar mit dem Göttlichen verbinden. Mit ihrem Licht, ihrer Wärme und ihrer Kraft ist sie eine spürbare Realität, die dich dem Göttlichen näher bringt, indem sie dir ein Bild SEINER Größe, SEINES Lichtes und SEINER Liebe vermittelt. Jeden Morgen, wenn die Sonne aufgeht, geschieht das gleiche Wunder der Erneuerung. Alles was du brauchst, ist in Hülle und Fülle vorhanden. Gehe der Sonne entgegen und sei bereit, ihre Erleuchtung zu empfangen, um alte Gewohnheiten und überholte Denkmuster aufgeben zu können, denn sonst gleichst du jemandem, der die Sonne bittet, ihm auf den Grund einer Höhle ihr Licht zu bringen. Gehe der Sonne entgegen, damit sie dich erleuchten, erwärmen und inspirieren kann.

Rosen – Meditation

Richte deine Aufmerksamkeit auf deine Herzensenergie – spüre dabei das lebendige Pulsieren deines Herzschlags. Ein feines, sanftes und liebevolles Gefühl durchflutet dein Herz und rosafarbenes Licht beginnt in dir zu strahlen und zu leuchten. Vor deinem geistigen Auge erkennst du ganz deutlich, dass sich tief in deinem Inneren ein wundervoller, lichtdurchfluteter Garten befindet, in dem herrliche, rosafarbene Rosen in voller Blüte stehen und einen betörenden Duft verbreiten. Es ist dein ganz persönlicher Herzensgarten, den du hier betrachtest und bewunderst. Du selbst hast diese prachtvollen Rosen gepflanzt, mit all deinen Fähigkeiten und Talenten, die du als strahlendes Wesen in dieses Leben mitgebracht hast. Du hast sie gehegt und gepflegt mit all deinen liebevollen Gedanken, Worten und Taten, aber auch mit deinen Schmerzen und Verletzungen, die dir das Leben zugefügt hat und die du ohne Groll und Zorn mit Toleranz und Gottvertrauen überwinden konntest.

Sie waren ein ganz besonders guter Dünger für deine Rosen. Du hast sie auch immer wieder gegossen – mit deinen Tränen der Freude – und mit denen des Leids. Gib dich ganz diesem Augenblick hin und genieße den wundervollen Anblick deiner herrlich duftenden Rosenblüten. Du fühlst dich sehr wohl, glücklich und zufrieden in deinem blühenden Rosengarten und berührst nun ganz leicht die samtigen, zarten Blütenblätter, von deren rosiger Farbe du sehr angetan bist. Ganz von selbst schmelzen dabei Blockaden, Ängste und Kümmernisse in dir einfach hinweg und du fühlst dich erleichtert und unglaublich geborgen.

Mit jedem Atemzug lässt du mehr und mehr von dieser rosafarbenen Liebesenergie in dein Herz einfließen und beobachtest dabei, wie die Rosen in deinem Innersten dadurch immer leuchtender und strahlender werden.

Nun pflückst du eine deiner wunderschönen Rosen und hast den Wunsch, sie zu verschenken. Du überreichst sie mit Liebe und deinem strahlendsten Lächeln einem Menschen, dem du dich sehr nahe fühlst – den du liebst. Nimm seine Freude darüber wahr und spüre, wie sie in dein eigenes Herz zurückströmt und deinen Rosengarten zu neuem Wachstum anregt. Dabei wird dir bewusst, dass du deine Rosen immer wieder großzügig verschenken kannst. Je mehr du davon weitergibst, umso reichlicher blühen und gedeihen deine neuen Rosen, schön, strahlend und duftend, wie zuvor. Jetzt verspürst du große Lust, eine weitere Rose zu verschenken – und du legst sie in das Herz eines Menschen, von dem du fühlst, dass er deine Hilfe braucht und dem du damit eine Zuwendung oder eine Anerkennung geben möchtest.

Und neuerlich kannst du die Freude und Dankbarkeit wahrnehmen, die dir aus seinem Herzen zurückströmt und dich reich beschenkt. Jetzt kommt dir ein Mensch in den Sinn, der dir einmal sehr weh getan hat – der dich verletzt, beleidigt oder verleugnet hat. Mit deinem liebevollen Herzen beschließt du, ihm eine wundervolle Rose aus deinem Herzen zu schenken, als ein Zeichen deiner Bereitschaft zur Versöhnung. Dabei bemerkst du, wie die rosafarbenen Liebesschwingungen deine bisherigen Gefühle zu diesem Menschen plötzlich zu verändern beginnen.

Es scheint dir, als würde die eisige Atmosphäre zwischen euch im rosa Licht auftauen und du empfindest in diesem Moment sogar Verständnis und Bedauern, wegen dieses Vorfalls, den du jetzt bereit bist, in Liebe aufzulösen und zu vergessen. Dabei nimmst du sehr deutlich die große Erleichterung im Herzen des anderen wahr und die Dankbarkeit, die er jetzt für dich empfindet. Fühle die heilsamen Energien, die dir deine Versöhnungsbereitschaft geschenkt hat und genieße die friedliche, wohltuende Atmosphäre, die sich jetzt in dir ausbreitet und dich sehr glücklich macht. Und nochmals pflückst du eine deiner herrlichen Rosen und legst sie jetzt an einen Ort, der für dich von besonderer Bedeutung ist, den du liebst und schätzt, oder dem du gerne Heilung geben möchtest. Erblicke ihr wunderschönes, rosafarbenes Licht, das sich jetzt immer stärker entfaltet und nimm den Duft deiner prachtvollen Rosenblüte wahr, von dem sich jetzt viele Engel und Devas gerufen fühlen und um dich herum einen lichten Kreis bilden.

In deinem liebevollen Herzen sind inzwischen unzählige, neue Rosen erblüht und du bittest nun die Lichtwesen vom rosafarbenen Strahl, deine Rosen all jenen überbringen zu wollen, die krank, einsam und verzweifelt sind und die in ihrer Not den Himmel um Hilfe angefleht haben.

Voll Liebe und Mitgefühl legen die Engel und Devas deine Rosenblüten nun in die Herzen dieser Hilfsbedürftigen und du fühlst ganz stark, wie die rosafarbene Energie der bedingungslosen Liebe auch jetzt wieder auf dich selbst zurückfällt und viele deiner alten Wunden und Verletzungen dadurch zu heilen beginnen. Du erblickst nun dein eigenes Leben im rosafarbenen Licht und erkennst dabei den reichen Segen und die vielen wunderbaren Unterstützungen und Hilfen, die dich auf deinem bisherigen Lebensweg stets begleitet haben. Du siehst aber auch ganz deutlich all die Chancen und Möglichkeiten, die noch vor dir liegen, um in Angriff genommen und bewältigt zu werden.

Große Freude und unsagbare Dankbarkeit erfüllen dein Herz. Gestärkt von der rosafarbenen Liebesenergie kehrst du jetzt wieder zurück - zurück ins Hier und Heute - bereit für einen neuen Anfang - einen Anfang im Zeichen des Lichtes und der Liebe.

Chakra – Meditation mit Edelsteinen

Sitze nun ganz entspannt – mit aufrechter Wirbelsäule – die Beine fest am Boden – und visualisiere dabei, wie Lichtwurzeln aus deinen Fußsohlen wachsen, die tief in die Erde hineinreichen und dich mit ihr verbinden.

Richte jetzt deine Konzentration auf deinen Atem. Atme tief ein und aus und spüre, wie die Energie deines Atems durch deinen ganzen Körper fließt – in jedes Organ – zu allen deinen Drüsen – in jede einzelne deiner Zellen.

Mit jedem Einatmen verstärkt sich die lichtvolle Energie deines Atems in dir mehr und mehr – und mit jedem Ausatmen fließt aus deinen Fußsohlen all das aus dir heraus, was jetzt für dich unbrauchbar geworden ist – all das, was dich belastet – was dir Kummer und Sorgen bereitet – all das, was deinem höchsten Wohl widerspricht und dich in deinem Vorwärtskommen blockiert. Und während du weiter tief ein- und ausatmest, nimmst du ganz deutlich wahr, wie du dich mit jedem Atemzug leichter, freier, entspannter und wohler fühlst.

Nun lenkst du deine Aufmerksamkeit zu deinen Beinen und fühlst, wie mit jedem Atemzug alle Muskeln und Sehnen in diesem Bereich immer lockerer werden und wie sie sich mehr und mehr entspannen. Jetzt fließt dein Atem weiter zu deinem Becken, in deinen Bauchraum – zu deinem Solarplexus – und durchflutet nun auch diesen Bereich solange, bis du fühlst, dass sich allmählich auch hier eine sehr wohltuende Entspannung einzustellen beginnt.

Du richtest dein Bewusstsein jetzt auf deinen Brustkorb und stellst dir dabei bildlich vor, wie sich dieser mit jedem Einatmen mehr und mehr mit Licht zu füllen beginnt und wie dein Herzzentrum dabei immer leuchtender und strahlender wird, von dieser lichtvollen Energie deines Atems.

Jedes Ausatmen ermöglicht dir ein Loslassen – ein Loslassen von allen Spannungen und Verkrampfungen, die sich in deinem Herzen angesammelt haben, die dein Gemüt belasten und deine Lebensfreude blockieren. Du spürst diese wohltuende Entspannung beim Ausatmen und nimmst ganz deutlich wahr, wie sie sich immer weiter ausbreitet – zu deinem Nacken – zu deinen Schultern und Armen – bis hinunter zu deinen Händen.

Mit den nächsten Atemzügen beginnen sich auch die Muskeln in deinem Gesicht und Kopfbereich zu lockern und du fühlst, wie sich Entspannung und Wohlbefinden immer mehr in dir ausbreitet.

Dein Atem fließt ganz leicht und frei durch deinen Körper und du nimmst ihn wie eine leuchtende Lichtsäule wahr, die Himmel und Erde in dir verbindet.

Nun lenkst du deine Aufmerksamkeit zu deinen Füßen und spürst dabei eine tiefe Verbundenheit mit der Mutter Erde.

Du fühlst Stärke, Schutz und Geborgenheit, die von ihr ausgehen. In ihrem nährenden Boden breiten sich nicht nur die Wurzeln der Pflanzen aus – hier träumen auch die Edelsteine den verlockenden Traum der Materie. Fühle dich hinein in die kraftvollen Energien der farbigen Edelsteine und Kristalle – fühle ihre kosmische Kraft, ihre perfekte Harmonie – und lausche den Botschaften, die dir die Devas der Edelsteine leise ins Ohr flüstern, in der Bereitschaft, dir mit ihren übernatürlichen Heilkräften zu helfen, damit du dein irdisches Dasein besser bewältigen kannst.

Konzentriere dich jetzt auf dein 1. Energiezentrum, auf dein Wurzelchakra. Allmählich nimmst du immer deutlicher wahr, wie sich vor deinem geistigen Auge ein wunderschöner, leuchtender Rubin zeigt.

Er funkelt und glänzt in seinem tiefen, satten Rot und erfüllt mit seinen Energien dein 1. Chakra. Damit regt er deine Lebenskraft, deinen Mut, dein Durchsetzungsvermögen und dein Selbstwertgefühl an. Eine wohlige Wärme breitet sich in deinem Becken aus – Gefühle von Liebe, Geborgenheit und Wohlbehagen durchströmen dich.

Weiter fließt du mit deinem Atem zu deinem 2. Energiezentrum und nimmst dort das leuchtende Orange eines Carneols wahr, der dich mit seiner Farbintensität an einen wunderschönen Sonnenuntergang erinnert. Vitalität, Kreativität und sprudelnde Lebensfreude sind seine Gaben an dich, die er dir in verschwenderischer Fülle gerne schenken möchte. Du spürst diese aktivierenden Impulse in deinem Sakralchakra. Sie vermitteln dir frischen Schwung, lassen neue Pläne in dir entstehen und regen dich zu Vorhaben an, die du vielleicht schon lange verwirklichen wolltest, wozu dir aber bisher die Begeisterung und die dynamische Tatkraft fehlte.

Jetzt ist die Zeit gekommen, neu durchzustarten und dein Dasein mit mehr Erfolg und Freude zu versehen.

Und deine Aufmerksamkeit fließt nun mit deinem Atem höher hinauf – zu deinem 3. Energiezentrum – deinem Sonnengeflecht.

Mit seinem strahlenden Goldgelb durchflutet ein leuchtender Citrin sehr kraftvoll diesen Bereich – den Sitz deines Unterbewusstseins – und bringt damit all das in dir zum Vorschein, was sich nach Licht, Befreiung und Erfüllung sehnt.

Deine ganze Aura beginnt jetzt in diesem sonnengleichen Goldgelb zu erstrahlen und damit wachsen in dir Optimismus, Selbstbewusstsein und Schaffenskraft. Voll Freude und Begeisterung nimmst du dieses innere Pulsieren wahr, das dir dazu verhilft, neue Ufer zu erreichen, um deine Wünsche und Sehnsüchte endlich erfüllen zu können.

Nun steigt deine Atemenergie höher hinauf – zu deinem Herzzentrum, wo du jetzt einen wundervollen Smaragd in seiner ganzen Intensität wahrnehmen kannst. Mit seinen kraftvollen, grünen Schwingungen erfrischt er dein Herz, besänftigt deine Gedanken und Gefühle und wirkt wie Balsam auf dein Gemüt.

Plötzlich kommt es dir so vor, als wärest du in einem Wald – wo Bäume im Wind hin- und herschaukeln – und ihre grünen Zweige im Sonnenlicht leuchten.

Vögel zwitschern ihr Lied – und dich durchflutet ein Gefühl von Leichtigkeit und sorgloser Gelassenheit. Du bist eins mit der Natur und du spürst eine starke Verbundenheit mit allen Lebewesen – mit dem ganzen Universum. Du bist in deiner inneren Mitte und fühlst: ICH BIN das ICH BIN.

Nun mischen sich noch die sanften, liebevollen Energien von Rosenquarz zu dem Smaragdgrün und verteilen sich um dein Herzzentrum herum.

Eine wunderschöne Lotusblüte auf ihrem grünen Blatt erscheint jetzt vor deinem inneren Bildschirm und du nimmst ganz deutlich wahr, wie sie ihre sanften, rosafarbenen Schwingungen weithin sichtbar auszustrahlen beginnt – überall dorthin, wo es gebraucht wird, dieses Gefühl von bedingungsloser Liebe, von Zärtlichkeit und von Zuneigung.

Voll Freude und Dankbarkeit nimmst du diese wundervollen Energien wahr, weil du spürst, wie heilsam sie auf deine alten Wunden wirken, die dir das Leben einmal geschlagen hat und die noch Narben hinterlassen haben, die du jetzt gerne loswerden möchtest.

Bedingungslose Liebe ist die stärkste Heilenergie im Kosmos – das fühlst du ganz deutlich und lässt dich nun bereitwillig und dankbar von ihr durchfluten.

Dein Atem fließt allmählich weiter zu deinem Halszentrum und dabei nimmst du wahr, wie das lichte Blau eines wundervollen Aquamarins deine Kehle durchspült. Wie Meereswellen fluten diese Energien durch deinen Hals und deinen Nacken- und Schulterbereich. Sie spülen jetzt alles aus dir heraus, was dort festgefahren und blockiert ist. Damit fällt es dir wieder viel leichter, deinen Gefühlen freien Lauf zu lassen und all das, was dich bewegt, über deine Worte nach außen zu tragen.

Ein tiefes Aufatmen der Erleichterung entringt sich deiner Brust und lässt dich erkennen, wie gut es sich in dir anfühlt, so leicht und frei zu sein wie ein Vogel am weiten, strahlendblauen Himmel.

Nun lenkst du deine Aufmerksamkeit zu deinem 3. Auge, wo du einen tiefblauen Saphir wahrnehmen kannst, der dich an einen Nachthimmel mit einem leuchtenden Stern erinnert. Es ist ein Sternsaphir, der dich über deine Intuition mit der unendlichen Weisheit der Schöpfung verbindet und der dir den Zugang zum Wissen deiner alten Seele vermittelt, die wie eine Schatztruhe tief in dir ruht und darauf wartet, dass du kommst, um die hier angesammelten Schätze endlich zu bergen und in dein Leben zu integrieren. Tauche ein in das Zentrum deines wunderbaren Wesens und werde eins mit deiner göttlichen Bestimmung.

Erhebe jetzt dein Bewusstsein empor zu deinem Kronenchakra und betrachte dort das unvergleichlich schöne Violett eines Amethysts, das eine ganz besondere Faszination auf dich ausübt.

In seiner klaren, leuchtenden Transparenz erkennst du ganz deutlich die transformierende Kraft der „violetten Flamme", die all das zu erneuern vermag, was dich daran hindert, deine Spiritualität stärker zu entfalten und deine Intuition kraftvoller auszudrücken.

Mit jedem Atemzug fließt mehr und mehr von dieser wunderbaren Amethystenenergie in deinen Kopfbereich und macht ihn leicht und klar.

Nun nimmst du voll Staunen wahr, wie über deinem Kopf eine goldene Lichtkugel zu pulsieren beginnt. Ihre sonnengleichen Strahlen rieseln wie sanfter Sprühregen auf dich hernieder und umhüllen deine Aura mit einer leuchtenden Schutzschicht aus goldenem Licht, auf dass du nun geschützt, sicher und zufrieden deinen Lebensweg fortsetzen kannst.

Diese goldene – sonnengleiche – Energie leuchtet jetzt in dir und um dich herum und begleitet dich durch dein Leben – immer, überall und zu jeder Zeit. Präge das deinem Zellbewusstsein ein mit den Worten:

> ICH BIN ein Kind des Lichtes und ich wandle im Licht.
>
> So ist es – Dank sei Gott.

Nun verbinde dich wieder ganz bewusst mit deinem Atem und mache dich langsam bereit, ins Hier und Jetzt zurückzukommen. Öffne deine Augen, bewege deine Hände und Füße und sei wieder ganz hier – bereit für einen neuen Anfang.

Licht – Meditation

Mache es dir ganz bequem – mit aufrechter Wirbelsäule – die Beine fest auf dem Boden – und schließe ganz langsam deine Augen.

Atme tief und fest ein und aus und achte darauf, dass du zwischen den Atemzügen keine Pause machst.

Während du nun in einem sanften Rhythmus gleichmäßig weiteratmest, spürst du allmählich den Energiefluss, der dich durchströmt, immer stärker werden. Dein Körper und dein feinstoffliches System werden dadurch auf eine höhere Schwingungsfrequenz eingestimmt. Visualisiere nun – hoch über dir – eine leuchtende Lichtkugel. Sie ist erfüllt von kosmischem Licht – von universeller Heilungsenergie. Dieses reine vibrierende Licht aus der höchsten Energiequelle fließt nun ganz langsam, wie ein sanfter Sprühregen auf dich herab, durchflutet dich vollständig und verankert sich schließlich im Boden, rund um dich herum, um sich mit dem Erdmittelpunkt zu verbinden. Du nimmst eine wunderschöne, leuchtende Lichtsäule wahr, die sich auf diese Weise gebildet hat.

Fühle ganz bewusst die pulsierenden, lebensspendenden Energien, die durch dich hindurchfließen und die alles in dir und um dich herum transformieren, heilen und erneuern, was nach einer Umwandlung verlangt, zu deinem höchsten Wohl.

Atme dieses Licht ganz tief ein und nimm wahr, wie sich deine Lungen damit füllen – wie es durch jede Pore deiner Haut in dich einfließt – in deine Organe und Drüsen – in jede Zelle deines Körpers – bis hin in deine Aura. Spüre, wie die allumfassende Heilkraft dieses wunderbaren, göttlichen Lichtes jedes Atom deines Körpers durchströmt und dein gesamtes Wesen zum Strahlen und zum Leuchten bringt.

Beim Ausatmen stelle dir ganz deutlich vor, wie all das, was dich belastet, blockiert und behindert, aus dir herausgespült wird. Während das Licht unablässig durch dich hindurchfließt, löst es auch gleichzeitig in dir sämtliche Disharmonien auf vollkommene Art und Weise auf. Giftstoffe, Schlacken, körperliche Fehlfunktionen, Stress sowie negative Gefühle, schadhafte Substanzen und disharmonische Energiemuster, die innerhalb deiner Zellstrukturen und deines feinstofflichen Systems vorhanden sind, löst das Licht entlang seines Weges vollständig auf und spült es sanft aber wirkungsvoll aus dir heraus – wie ein kräftiger Sprühregen, der alles frisch und sauber macht.

Diese machtvolle Lichtenergie – als der sichtbare Teil der universellen Schöpferkraft – ist dazu imstande, all das zu transformieren und zu erneuern, was in dir und um dich herum nach Transformation und Erneuerung verlangt, um deine Gesundheit zu verbessern – um die Energiesysteme deines Körpers erneut auf ihren natürlichen Schwingungszustand auszurichten, um Heilung in deinen Zellstrukturen zu bewirken und um

Schäden und Disharmonien in deinem elektromagnetischen Kraftfeld aufzulösen.

Spüre, wie du mit jedem Einatmen immer lichter, strahlender und grenzenloser wirst und wie sich allmählich Gefühle von Ruhe, Frieden und Geborgenheit einstellen, die sich immer stärker bemerkbar machen.

Verspannungen, Sorgen oder beunruhigende Gedanken, die dich vielleicht jetzt noch irgendwie belasten, lässt du nun in Frieden ziehen und beobachtest, wie sie sich immer mehr aufzulösen beginnen und schließlich ganz verschwinden – wie hinwegziehende Nebelschwaden im Frühlingswind.

Nun stelle dir ein strahlendes, lichterfülltes Blau vor. Ein Blau, wie der Himmel ohne Wolken – ein leuchtendes Saphirblau – die Farbe von Ruhe, Frieden, Schutz und Geborgenheit.

Mit jedem Ausatmen füllst du nun mit dieser blauen Lichtenergie eine durchsichtige Kugel, die sich rund um dich herum aufgebaut hat und die dich schützend, wie ein Luftballon umhüllt.

Mit jedem Einatmen erstrahlt dein ganzer Körper im Licht und mit jedem Ausatmen erfüllt sich die glasklare Kugel, in der du dich jetzt befindest, mit strahlendem Saphirblau, was dir ein gutes Gefühl von Schutz und Geborgenheit vermittelt – von Sicherheit, Ruhe und von himmlischem Frieden.

Diese leuchtend blaue Kugel dient dir jetzt und in Zukunft als ein unüberwindbarer Schutzschild aus Lichtenergien, der dich ab nun ständig umgibt und der dich sicher und geborgen hält. Immer wenn du dich geistig damit verbindest und erneut mit Licht erfüllst, dann wird dieser dein Schutzschild immer stärker und größer – und er wird dich stets vor negativen Energien abschirmen und damit die Anhebung deines Lichtkörperprozesses fördern.

Nimm also in dein Zellbewusstsein auf, dass dich jetzt eine strahlend blaue Sphäre umgibt, die dir vollkommenen Schutz gewährt, auf dass du dich darin wohlfühlst, glücklich bist – und frei von Angst, im Wissen:

> ICH BIN erfüllt vom Licht, ICH BIN geborgen im Licht, ICH BIN ein Kind des Lichtes und wandle im Licht.
>
> So ist es – Dank sei Gott.

Regeneration des feinstofflichen Kraftfeldes

Im feinstofflichen Kraftfeld ist das gesamte Dasein eines Menschen fein säuberlich aufgezeichnet und es ist hier alles ganz exakt aufmoduliert, was eine Seele in ihren bisherigen Inkarnationsphasen geprägt hat, sowie auch alle Erfahrungen und Eindrücke, die sie im jetzigen Leben gewinnen konnte.

In diesem Bereich ist also die Summe aller Daseinsformen wie in einem Computerprogramm eingespeichert und aktenkundig gemacht. Das bezieht sich sowohl auf erfolgreich bewältigte Lernprogramme, als auch auf Themen, die als negative Beeinträchtigungen wie Angst, Hass, Neid oder dergleichen noch darauf warten, bewusst transformiert und aufgelöst zu werden. Andernfalls kommt es – karmisch bedingt – früher oder später zu Situationen, die sich in Form von seelischem Leid, Hoffnungslosigkeit, Depressionen oder in körperlichen Krankheitserscheinungen bemerkbar machen.

Das feinstoffliche Kraftfeld ist mit unendlich vielen, verschiedenartigen Energiestrukturen behaftet, die sich in Farben, Formen und Mustern ausdrücken und die all das repräsentieren, was ein Mensch denkt und fühlt, sowie die Art, wie er sich in seine Umwelt integriert und sich in ihr zurechtfindet.

Der große, reiche Erfahrungsschatz, den sich die Seele erwerben konnte, ist hier also ebenso vermerkt, wie alle negativen, schmerzhaften Eindrücke und Irrtümer, denen sie ausgesetzt war. Daraus ergibt sich ein komplexes Bild verschiedenartigster Energiestrukturen, die sich zu einem Ganzen zusammengefügt haben und die das tatsächliche Potential eines Menschen ausmachen. Das menschliche Energiesystem besteht aus den vier „niederen Körpern", denen sich noch drei weitere, die sogenannten „höheren Körper", anschließen. Diese liegen jedoch jenseits der irdischen Beeinflussbarkeit und gewinnen erst dann ihre Bedeutung, wenn die Erdenwanderung abgeschlossen und beendet werden konnte. Für uns ist es deshalb wichtig, unser Augenmerk auf unsere vier „niederen Körper" zu richten, um damit unser Leben besser und wirkungsvoller gestalten zu können und um unsere Evolution im Zeichen des Lichtes zu beschleunigen. Diese Meditation gibt dir die Möglichkeit, auf die Beschaffenheit deines feinstofflichen Systems bewusst einwirken zu können, um es von disharmonischen Energiemustern zu befreien und mit Lichtenergie aufzuladen.

Stelle dir nun deinen physischen Körper bildlich vor. Er ist die Manifestation des „All Seienden" im grobstofflichen Bereich und besteht aus dichter Materie von langsamer Schwingung. Sein Informationsaustausch läuft über die fünf Sinne ab und er wird dem Bewusstsein zugeordnet. Visualisiere die drei feinstofflichen Energiefelder, die ihn eiförmig umhüllen und die sich in einem immer größer werdenden Radius um ihn herum ausbreiten.

Diese Unterteilung in verschiedene Körper und Ebenen dient deinem besseren Verständnis und soll dir die Visualisation erleichtern. Sei dir jedoch darüber im Klaren, dass das gesamte Universum ein komplexes System von Ebenen und Dimensionen darstellt, die alle miteinander untrennbar verbunden sind und die durch das göttliche Prinzip des „All Einenden" im Gleichgewicht gehalten werden. Der Mensch steht zu all diesen Ebenen in unmittelbarer Resonanz und bildet damit eine Brücke vom Bereich der Materie bis hinauf in die höchsten spirituellen Ebenen. In den verschiedensten Kulturen und spirituellen Lehren haben die einzelnen Schichten oft unterschiedliche Reihenfolgen. Ich verwende hier die Einteilung die im „International College of Crystal Healing" angewandt wird. Natürlich funktioniert die Meditation auch mit jeder anderen Reihenfolge.

Die erste feinstoffliche Hülle, die deinen Körper umschließt, ist der Ätherkörper, der auch als Aura bekannt ist und wo alle deine Erinnerungen gespeichert sind.

Die darüber liegende Schicht ist der Mentalkörper. Darin sind alle deine Gedanken aufgezeichnet und als unzählige, vielfältige Energiemuster präsent.

Um diesen herum baut sich der Emotionalköper auf, der alle deine Gefühlsregungen fein säuberlich aufmoduliert hat. In der Literatur wird dieser Bereich vielfach auch als Astralkörper oder „spiritueller Körper" bezeichnet. Er besitzt die höchste Schwingungsintensität. Man kann diese feinstofflichen Energiekörper sehr gut mit einem kunstvoll gefertigten Spinnennetz vergleichen, das sich, vom physischen Körper ausgehend, nach außen hin immer mehr und mehr vergrößert und mit feinen, filigranen Querverbindungen ineinander verwoben ist. Einem solchen Gebilde sehr ähnlich ist also die feinstoffliche Struktur, die sich um den menschlichen Körper herum ausbreitet und die bis in die höheren Sphären hineinreicht, wo alles vorhanden ist, was dem Leben zum Fortschritt gereicht, weshalb diese Sphären auch als „Bereich des Überbewusstenseins" bezeichnet werden.

Der Emotionalkörper – die äußere Schicht, die sich wie ein Lichtgewand um die drei anderen Bereiche herumlegt ist das Verbindungsglied zum Kosmos und allen seinen Segnungen.

Hier befinden sich alle Schwingungselemente, die sich im Laufe der Evolution aus dem Empfinden der Seele herauskristallisiert haben und die nun ihr Dasein im Gefühlsbereich weiterführen. Er stellt die Verbindung zum „Göttlichen Funken" dar, der im Wesenskern eines jeden Menschen verankert ist.

Der Emotionalkörper ist damit der vergeistigte Ausdruck unserer Gottgegenwart ICH BIN das ICH BIN:

Er verdeutlicht ganz präzise die spirituelle Qualität einer Seele sowie ihren Fortschritt, den sie auf ihrem Weg zurück zum Licht bisher erzielen konnte. Damit dient er auch als „Energiesignal" einer Seele, die sich damit vor dem Lichtreich identifizieren kann. Auf den emotionalen Bereich können wir nur mit feinstofflichen Schwingungen, wie mit Farben, Klängen, Aromen oder Kristallen, Einfluss nehmen, weil er nur für Gefühle und Empfindungen ansprechbar ist, die über Visualisationen an ihn herangetragen werden können.

Konzentriere dich nun auf diese äußerste Schicht – auf deinen Emotionalkörper, der mit dem Element Wasser in Resonanz steht. Stelle dir ganz deutlich vor, dass klares, reines Wasser diesen Bereich jetzt durchströmt und dabei alle disharmonischen Gefühlsstrukturen, die darin vorhanden sind, auflöst und wegspült. Denke dabei an das sprudelnde Rauschen eines Gebirgsbaches und stelle dir die klare, saubere Wasserflut ganz deutlich vor. Nimm wahr, wie sie deinen Gefühlskörper in seiner vollen Größe und Intensität durchspült, klärt und bereinigt.

Harmonische Gefühle sind sehr wichtig, denn sie beeinflussen ganz wesentlich deine Gesundheit und dein Wohlergehen. Sie sind ein wahrer Segen für dein Immunsystem und damit für deine Abwehrkräfte und für die Vitalität deines Körpers.

Visualisiere das klare, lichtdurchflutete Quellwasser und beobachte dabei, wie es durch dein äußerstes Energiefeld hindurchströmt und alles herausspült, was jetzt für dich unbrauchbar geworden ist.

Setze diesen Reinigungsvorgang in deiner Vorstellung solange fort, bis du fühlen kannst, dass allmählich alles gut durchgespült ist und dass das Quellwasser nun klar und sauber durch deinen Emotionalkörper hindurchfließt.

Nun stelle dir die aufgehende Sonne in ihrer leuchtend orange-goldenen Farbenpracht vor und beobachte, wie sie jetzt auf das klare, fließende Wasser in deinem emotionalen Feld herunterscheint, bis dieses von der orange-goldenen Farbschwingung ganz erfüllt ist und sie leuchtend widerspiegelt.

Ganz deutlich siehst du nun diesen Bereich in orange-goldenen Farbtönen aufleuchten und es überkommt dich dabei ein erhebendes Gefühl von inniger Freude und Dankbarkeit, das sich immer mehr und mehr ausdehnt, bis dein ganzer Emotionalkörper davon ausgefüllt und veredelt ist.

Der große Fürst des Lichtes – Erzengel Gabriel – ist der Hüter des Elements Wasser im menschlichen Energiesystem und deshalb auch für den emotionalen Bereich zuständig. Nimm dieses Wissen ganz bewusst in dich auf und verbinde dich mit Erzengel Gabriel, dessen Name „Gottes Kraft“ bedeutet, wann immer du Hilfe und Unterstützung brauchst, um dein Gefühlsleben klar, liebevoll und lichtdurchflutet zu gestalten. Bitte um seine Zuwendung – und er wird sie dir auf dem Gnadenweg über das Licht und die Farben zufließen lassen.

Richte deine Aufmerksamkeit nun auf die darunter liegende, nächste Schicht, auf deinen Mentalkörper. Er ist der Träger des Bewusstseins. Hier sind alle Gedanken, Worte und Werke gespeichert, die man sich zu seinen Gunsten oder zu seinem Nachteil erworben hat und die sich als Kapital verstehen, das sich eine Seele ansammeln konnte. In diesem Bereich ist alles fein säuberlich vermerkt, was damit zusammenhängt, die göttlichen Tugenden der Liebe, Güte und Barmherzigkeit bewusst ausgedrückt zu haben und demgemäß liegen hier auch die „reifen Früchte", die eine gute Ernte ermöglichen. Das verdeutlicht sich in Vergünstigungen, Hilfen und Unterstützungen, die einem mitunter ganz „zufällig" vor die Füße fallen und die dazu verhelfen, plötzlich viel günstigere Lebensbedingungen und glücklichere Umstände vorfinden zu können.

Jeder unverhoffte Glücksfall, der einem widerfährt, stellt demnach eine dieser selbsterworbenen, reifen Früchte dar, die einem vom Schicksal dann gereicht werden, wenn die Zeit der Reife gekommen ist. Demnach ist jeder „glückliche Zufall" eine selbsterworbene, karmische Wegzehrung, die einem dann zufällt, wenn die Umstände es zugunsten der Weiterentwicklung der Seele zulassen. Alle Gedanken, Worte und Taten, die im Zeichen der Liebe, Güte und Barmherzigkeit sowie der Achtung vor dem Leben und seinen Geschöpfen ausgedrückt werden, vergrößern also das geistige Kapital des Mentalkörpers und bereichern ihn mit vielen weiteren goldenen Früchten.

Daran können wir sehr deutlich erkennen, dass alles vom kosmischen Prinzip von „Ursache und Wirkung“ geprägt ist, worin sich die vollkommene Ordnung in der Schöpfung widerspiegelt.

Daraus erklärt sich auch, dass einer ständig von Glücksfällen eingeholt wird und sein Leben damit viel leichter und besser bewältigen kann als ein anderer, der alles und jedes hart erarbeiten und erkämpfen muss. Man könnte in diesem Zusammenhang von einem „spirituellen Sparguthaben“ sprechen, das sich mit der Zeit angesammelt hat und das nun behoben werden kann, wenn es die Bedürfnisse erfordern.

Kein einziger Gedanke, kein Wort und keine Tat gehen jemals verloren oder bleiben im Kosmos unbeantwortet, da sie sich als Energieformationen sofort in den Mentalkörper einfügen, um dort ihr geistiges Dasein weiterzuführen, bis sie, ihrer Ursache entsprechend, ihren Ausdruck finden können – sei es in Form von Vergünstigungen oder in Läuterungsphasen, dem karmischen Gesetz von Ursache und Wirkung gemäß. Einwände, dass Verfehlungen durch Reue und Buße beglichen und damit aus der Welt zu schaffen seien, sind aus diesem hier eben aufgezeigten Aspekt unhaltbar. Jede Art von Reue und Buße bedeutet ein Hinzufügen neuer Energiemuster, die sich demgemäß positiv auf den Mentalkörper auswirken. Es ist jedoch unmöglich, damit in bereits einmal gesetzte Ursachen eingreifen zu können, um negative Energiemuster umzupolen. Diese können nur durch karmische Läuterungsphasen im eigenen Erleben und Fühlen eine Wiedergutmachung erfahren, oder aber mit Hilfe der „violetten Flamme", im Zeichen der göttlichen Gnade getilgt werden. Der Mentalkörper steht wohl auch deshalb mit dem Element Feuer und der violetten Farbenenergie in Beziehung.

Konzentriere deine Aufmerksamkeit jetzt auf deinen Mentalkörper und stelle dir darin die „violette Flamme" mit ihrer alles bereinigenden Transformationskraft vor. Beobachte diesen Vorgang mit deinem geistigen Auge sehr aufmerksam und prüfe, wie weit dieser Reinigungsprozess mittlerweile bereits gediehen ist. Erkenne, wo sich noch disharmonische Energieformationen befinden, die der Auflösung durch die „violette Flamme" bedürfen. Wenn du schließlich erleichtert feststellen kannst, dass alles in deinem mentalen Feld wunderbar geklärt werden konnte, dann kannst du dich damit auseinandersetzen, eine Neuprogrammierung deiner Gedankenmuster vorzunehmen. Dafür sind lebensbejahende, vertrauensvoll gesprochene Affirmationen der beste Weg, wie beispielsweise: „ICH BIN eingebettet in einem überreichen Universum, in dem ich alles vorfinde, was ich für meine Lebensbewältigung brauche" oder „ICH BIN das Kind eines liebevollen, gütigen, himmlischen Vaters, der mich beschützt, führt und leitet und mit allem versorgt, was für mein Weiterkommen auf dem Weg zum LICHT notwendig ist."

Erzengel Michael ist der große Fürst des Lichtes, der

das Element Feuer im menschlichen Energiesystem lenkt und leitet. Bitte ihn um Hilfe und Unterstützung, wenn du das Bedürfnis hast, in deinem Denken etwas verändern zu wollen, damit du dich zukünftig anders ausdrücken und gelassener handeln kannst, als es dir bisher möglich war.

Er ist dazu in der Lage, dir einen Weg aufzuzeigen, der dir alles bereithält, was du brauchst, um die Weiterentwicklung deiner Seele zu fördern und deinen Lebensweg zu veredeln.

Wende deine Aufmerksamkeit nun dem darunter liegenden nächsten Bereich – dem Ätherkörper – zu, welcher sich in einem Abstand von ca. 30 cm um deinen physischen Körper herum aufbaut. Es ist die sogenannte Aura, die von sensitiven Menschen deutlich wahrgenommen werden kann. Diese ätherische Energieform ist – ebenso wie der irdische Leib – ein stofflicher Körper, wenn auch in einem sehr viel höheren Schwingungszustand als dieser.

Hier befindet sich ein spiegelgetreues Abbild des gesamten Organismus in vielerlei Farben und Formen, die sich maßstabgetreu auf den Körper bezogen abzeichnen und die genauen Aufschluss darüber geben können, wie sein momentaner Zustand beschaffen ist.

Im Ätherkörper ist das gesamte Erinnerungsmaterial einer Seele einprogrammiert und im Unterbewusstsein aufbewahrt. Ebenso auch die daraus entstandenen Verhaltensformen, die sich aus Charaktermerkmalen, Talenten und Vorzügen, aber auch aus Ängsten, Schwächen und Fehlern zusammensetzen.

Seine Hauptfunktion liegt darin, den physischen Körper mit Energien zu versorgen, die dieser braucht, um die Verbindung mit dem Energiestrom des Kosmos aufrecht erhalten zu können. Das geschieht über das feinstoffliche Energiesystem, welches sich aus den Chakren, den Meridianen und der Aura zusammensetzt. In diesen liegen die „Eingangspforten" zu den feinstofflichen Energiezentren im physischen Körper, über welche die Transformation kosmischer Kräfte in das irdische Geschehen abläuft.

Im ätherischen Feld tauschen sich die grob- und feinstofflichen Energieformationen miteinander aus und hier geschieht es auch, dass körperliche Schwachstellen erkannt und mit spirituellen Kräften harmonisiert werden können. Der Ätherkörper gleicht einem Umschlagplatz von Energien jedweder Art, die sich hier angesammelt haben, um ihrem Wesen gemäß wirksam zu werden. Solche, die mit lebensbejahenden, liebevollen, positiven Gedankenformen aufgeladen sind, drehen sich spiralförmig hinauf zum Licht und lassen ihr Kapital oben „absegnen", um es dann in die irdische Ebene zurückzubringen und dort zu manifestieren.

Gedankenstrukturen, die mit negativen Schwingungen behaftet sind, sinken direkt zur materiellen Ebene hinab und verankern sich dort, wo sie eine entsprechende Resonanz finden, nämlich in körperlichen Schwachstellen, die über ungenügende Energien verfügen, um sich dagegen erfolgreich zur Wehr setzen zu können. Das verdeutlicht sich dann in körperlichen Schmerzen sowie in Depressionen und seelischen Missstimmungen. Es sind die auslösenden Kräfte für all das, was uns unangenehm ist und was wir daher ablehnen, oder für das, was wir uns wünschen und realisieren wollen und was dennoch immer nur ein Wunschdenken ohne Erfüllung bleibt. Daran erkennen wir, wie wichtig es ist, seinem feinstofflichen Körper die nötige Sorgfalt angedeihen zu lassen, weil das als deutliches Echo auf einen selbst zurückfällt und das ganze Leben dementsprechend beeinflusst.

Konzentriere dich jetzt auf dein ätherisches Energiefeld, auf deine Aura, die vom Element Luft beherrscht wird. Deshalb ist es sinnvoll, wenn du geistig mit dem Wind Verbindung aufnimmst und dir dabei vorstellst, dass ein heftiger Wirbelsturm durch deinen Ätherkörper hindurchfegt und ihn von eventuell vorhandenen Schwachstellen in Form von Nebelschwaden und dunklen Wolken befreit, die sich darin im Lauf der Zeit angesammelt haben. Ein gutes, befreiendes Gefühl steigt in dir auf, wenn du wahrnehmen kannst, wie sich die Atmosphäre in diesem Bereich allmählich immer mehr und mehr klärt und aufhellt und wenn du beobachtest, wie die Nebelschwaden weichen, die Wolken sich auflösen und damit dem Licht Platz machen, damit es nun ungehindert in dich einströmen kann. Es ist das „große, weiße Licht" aus der Quelle allen Lebens, das sich jetzt in deinem Ätherkörper ausbreitet und das sich dabei in alle Farben des Regenbogens aufspaltet. Ein wunderschönes Bild zeigt sich dir, wenn du vor deinem imaginären Spiegel deinen ätherischen Körper betrachtest, der nun von diesem leuchtenden Farbenspiel umflossen ist – von den wunderbaren Farben des Regenbogens.

Erzengel Raphael ist der große Fürst des Lichtes, der das Element Luft im menschlichen Energiesystem bewacht. Richte deine Bitten an ihn, wenn du Hilfe und Unterstützung brauchst, um deine Aura zu klären und mit neuen, lichtvollen Energien aufzuladen. Er weiß um deine Sorgen und Nöte Bescheid und ist immer gerne bereit, dich liebevoll zu unterstützen und zu leiten, wenn Situationen in deinem Leben auftauchen, die dir zu schaffen machen und denen du allein hilflos gegenüberstehst.

Lenke deine Aufmerksamkeit nun zu deinem grobstofflichen Körper, der all das aufweist und verdeutlicht, was aus dem Geistigen herrührt und der die Substanz all dessen in sich trägt, was du denkst, fühlst und woran du dich erinnerst.

All das, was sich im physischen Leib zusammengeformt und verdichtet hat, ist vom Ursprung her geistige Substanz, die sich in der Materie manifestiert hat.

Die physische Gesundheit eines jeden Menschen steht damit also in direkter Beziehung zur Beschaffenheit seiner feinstofflichen Körper.

Fühle nun in dich hinein und nimm wahr, ob du irgendwelche Schwachstellen in deinem physischen Körper spüren kannst oder ob sich irgendwo ein Schmerz oder ein Unbehagen bemerkbar macht und jetzt deine Aufmerksamkeit erregt.

Konzentriere dich auf diese Zonen, die eine Reharmonisierung benötigen. Visualisiere nun eine wunderschöne, klare Kristallspitze, die du in deine Hand nimmst, um deinen Körper zu heilen. Richte die Kristallspitze an die erste deiner Schwachstellen, die nach Heilung verlangen und beobachte, wie das gebündelte Licht aus der Spitze des kosmischen Kristalls zu leuchten beginnt, um eine Energieumwandlung in deinem Körper vorzunehmen.

Ganz präzise und gezielt führt der Laserstrahl aus dem Kristall nun seine Arbeit aus. Möglicherweise wirst du auch feststellen können, dass der Lichtstrahl eine spiralförmige Schwingung aufweist, die ihre Drehrichtung zeitweilig verändert – die sich einmal nach links herum dreht – und einmal nach rechts herum. Das hängt ganz davon ab, ob ein Zuviel an Energie abgeleitet werden muss, wie etwa Schmerzen oder Entzündungen – oder ob eine Energiezufuhr notwendig ist, weil in dir möglicherweise ein Mangel besteht, der sich als Unterfunktion körperlich bemerkbar macht. Auf vollkommene Art und Weise leistet der kosmische Kristall nun seine Präzisionsarbeit und zwar überall dort, wo du ihn hinrichtest und wo du dein Bewusstsein hinlenkst. Wenn du nach geraumer Zeit fühlst, dass alles in dir zu deiner vollsten Zufriedenheit regeneriert werden konnte und dieser Heilungsvorgang abgeschlossen werden kann, dann gib deinen lichtvollen Kristall wieder an den Kosmos zurück und danke ihm für seine Kräfte, die er dir geschenkt hat, zu deinem höchsten Wohl für Körper, Geist und Seele.

Dem physischen Leib wird das Element Erde zugeordnet. Erzengel Uriel ist der große Fürst des Lichtes, der das Element Erde im menschlichen Energiesystem unter seiner Obhut hat. Wende dich vertrauensvoll an ihn, wenn du Rat und Hilfe brauchst, um deinen Körper besser behandeln, pflegen und ernähren zu können. Der lichtvolle Helfer aus dem göttlichen Bereich ist immer für dich da und stets bereit, dich liebevoll zu unterstützen und zu leiten.

Mit dieser großangelegten Generalreinigung deiner vier „niederen Körper" hast du eine sehr wesentliche Voraussetzung dafür erfüllt, um Gesundheit, Lebensfreude und Wohlbefinden in dein Dasein zu integrieren und um damit deinen Weg zum Licht schöner, besser und effektiver fortsetzen zu können.

FRIEDE, LICHT und LIEBE sei mit dir, in dir und um dich herum.

Regenbogen – Meditation

Stell dir vor, wie aus dem Mittelpunkt der Mutter Erde rubinrotes Licht emporsteigt und langsam durch deine Fußsohlen in deinen Körper einfließt. Es ist das Licht des Erdelements, das dich dabei unterstützt, deinen Lebensweg besser bewältigen zu können. Es stärkt dein Urvertrauen und gibt dir Sicherheit, Mut und Durchsetzungskraft.

Rubinrotes Licht fließt nun ganz sanft durch deine Beine hoch in deinen Beckenbereich und du nimmst wahr, wie dieser heilsame, rubinrote Strahl Stress und Schmerz zu lösen beginnt und all deine Ängste, Unsicherheit und Gefühle der Abhängigkeit oder fehlendes Selbstbewusstsein besänftigt. Die Kraft des rubinroten Lichtes fließt in jede Zelle deines Körpers, um diese neu zu strukturieren, so wie es deinem höchsten Wohl entspricht.

Damit regulieren sich alle deine Lebensfunktionen, dein Allgemeinbefinden stärkt sich – du fühlst, wie dein Urvertrauen wächst und die Kraft in dir anregt, die dir dabei hilft, mit beiden Beinen fest auf dem Boden der Realität stehen zu können – die dich dabei unterstützt, Verantwortungsbewusstsein für dein Leben zu übernehmen – im Bewusstsein, dass deine Selbstverwirklichung nur dann stattfinden kann, wenn du die Selbstverantwortung für dein Dasein übernimmst – frei von Zwang, Druck oder Beeinflussung von anderen. Du fühlst die wärmenden, wohltuenden Schwingungen des rubinroten Lichtes in deinem Beckenbereich und nimmst dabei Gefühle von Geborgenheit und Vertrauensbereitschaft wahr, die dir dabei helfen, dein wahres Selbst ungehindert zum Ausdruck zu bringen. Selbstbewusstsein, Lebensfreude und Sehnsucht nach dem Geben und Nehmen von Zärtlichkeit, von Liebe und von Zuwendung werden in dir wach und stärken dich in deinen Gefühlen und Empfindungen.

Ich bin voller Kraft und Zuversicht, mein Leben nach meinen besten Fähigkeiten zu meistern – dieser Satz prägt sich jetzt in deinem Zellbewusstsein ein und dient dir als Richtschnur für dein weiteres Dasein. Das rubinrote Licht steigt nun aus deinem Beckenbereich höher hinauf und verändert sich dabei in ein leuchtendes Orange, das sich jetzt im Bereich deines Unterbauches ausbreitet – und du empfindest dabei Gefühle von Freude, Umsorgtsein, von Sicherheit und Geborgenheit. Das orangefarbene Licht stärkt in dir deine Begeisterung, deine Kreativität und deine Schöpferkraft, was dir dabei hilft, die Muster deiner Existenz besser erkennen und bewusster leben zu können. Es hilft dir auch dabei, unangenehme Dinge, die sich in deinem Unterbewusstsein festgesetzt haben, herauszuholen und loszuwerden – Schocks, Traumata, Phobien, tiefliegende Ängste oder noch nicht überwundene Trauer nach Todesfällen – all das, was an

Unverdaulichem in dir festsitzt und dich belastet, wird jetzt mit der Kraft des orangefarbenen Lichtes durchflutet, weggespült und bereinigt, was sich auch gleichzeitig sehr hilfreich auf deinen Ätherkörper auswirkt, in dem die Rückblenden alter Schockerlebnisse gespeichert sind, um nun erlöst zu werden. Denn sie behindern den Zugang zu deiner Intuition und verzögern die Energieanhebung deines Lichtkörpers und die Erweiterung deiner DNS. Deshalb ist die Wirkung des orangefarbenen Lichtes besonders segensreich und unterstützend, denn das gesamte Lebenspotential wird dadurch ganz enorm gestärkt. Kommunikationsfähigkeit, Begeisterung, Kreativität und Selbstbewusstsein erfahren einen gewaltigen Auftrieb – die Vitalität wird gefördert und damit gleichzeitig auch der Alterungsprozess verlangsamt. Orange fördert die Lebensbejahung und legt eine atomare Energie frei, die das gesamte Lebenspotential positiv beeinflusst und entscheidend verbessert.

Ich bin Freude und Begeisterung und nehme diese Gefühle voll Dankbarkeit wahr. Wie ein fröhliches Liedchen prägt sich dieser Satz deinem Zellbewusstsein ein, unterstützt damit deine schöpferischen Kräfte und Fähigkeiten und verhilft dir zu Humor, zu gesteigerter Erlebnisfähigkeit und zu Enthusiasmus.

Das orangefarbene Licht steigt nun höher empor, in den Bereich deines Solar-Plexus, wo es sich zu einem leuchtenden Gold verwandelt. Es ist das Licht des Geistes, der Weisheit, des universellen Verstehens.

Goldenes Licht breitet sich nun in dir aus und hilft dir dabei, deine Emotionen zu besänftigen und deinen Geist zu erleuchten, damit du deine Aufgabe im Dienst am Großen, Ganzen erkennen und dementsprechend verwirklichen kannst.

Die goldene Farbenergie unterstützt dein Vorstellungsvermögen, was sehr hilfreich bei Visualisationen zur Wunschverwirklichung ist. Optimismus, Heiterkeit, Glücklichsein und Fülle sind Attribute des goldenen Lichtes, das sich jetzt in deinem Solar-Plexus ausbreitet und dich harmonisch durchflutet. Dein Urwissen wird in diesem Bereich angesprochen. Gedankenformen aus früheren Leben können hochkommen, um dir dabei zu helfen, deine Vergangenheit aufzuarbeiten, um damit deine Zukunft vorzubereiten.

Nimm alles, was du jetzt fühlst und wahrnimmst ganz bewusst in dich auf und erkenne dabei deine „höhere Führung", die dir genau das vor Augen führt, was du jetzt brauchst, um Erkenntnisse zu gewinnen, die dir auf deinem Weg zum Licht weiterhelfen.

ICH BIN DAS LICHT MEINER WELT UND WIRKE MIT FREUDE ZUM WOHL DES GANZEN. Das ist die Botschaft, die das goldene Licht deinen Zellen vermittelt und in sie einprägt. Und jetzt nimmst du wahr, wie sich das Licht weiter nach oben auszubreiten beginnt und zu deinem Herzbereich fließt, wo es in einem leuchtenden Grün und in einem zarten Rosa erstrahlt, wie eine Rosenblüte mit ihren grünen Blättern.

Das grüne Licht fördert Erneuerung, Fortschritt,

Wachstum – es hilft dir dabei, deinen Weg zu finden und verbindet dich mit deiner Wahrheit. Es löst Engegefühle in deiner Brust – sowie seelischen Druck und es verstärkt damit in dir das Vertrauen, dass das Leben dir all das bietet, was du für deine Erneuerung, für deinen Fortschritt und für dein Wachstum brauchst. Der grüne Farbstrahl symbolisiert Fülle, er fördert die Öffnung deines Herzens und verbindet dich mit dem unendlichen Fluss des Lebens.

Das göttliche Licht der bedingungslosen Liebe erstrahlt in dem zarten Rosa – und du nimmst diesen rosafarbenen Lichtstrahl wahr im Bewusstsein, dass sich das Tor zu deiner Seele nun öffnet. Du spürst die sanften, zärtlichen Schwingungen dieser Liebesenergie und du fühlst, wie sich all deine Sorgen, Nöte und Kümmernisse aufzulösen beginnen. Und du nimmst wahr, wie sich jetzt die allumfassende, bedingungslose Liebe in dir und um dich herum auszubreiten und zu wirken beginnt. Liebevolle, versöhnungsbereite und mitfühlende Empfindungen stellen sich bei dir ein und du bemerkst, wie sich alter Groll, Verbitterung und Enttäuschungen, die in deinen Erinnerungen gespeichert waren, immer mehr und mehr aufzulösen beginnen und schließlich ganz verschwinden – wie hinwegziehender Nebel.

LIEBE HEILT ALLE WUNDEN – fühle die tiefe Bedeutung hinter diesen Worten und bewahre die Erinnerung an den heilsamen Strahl der rosafarbenen Liebesenergie tief in deinem Herzen.

ICH BIN ERFÜLLT MIT LICHT UND LIEBE – ICH BIN IM EINKLANG MIT MEINEM LEBEN. Nimm diesen Satz in dir auf und präge ihn deinem Bewusstsein ein.

Langsam steigt das Licht nun höher empor zu deinem Halsbereich, wo es jetzt eine leuchtende, saphirblaue Farbe angenommen hat. Saphirblau die Farbe des Glaubens, des Friedens, des Gottvertrauens. Der saphirblaue Lichtstrahl festigt in dir das Vertrauen in die „höhere Führung", er stärkt deine Intuition, die innere Stimme deines Herzens, den Kontakt mit den Engeln und Lichtwesen, sowie deine Bereitschaft, den göttlichen Willen durch dich zum Ausdruck zu bringen und zu leben, so wie es deinem Seelenplan entspricht. Das blaue Licht stärkt dich bei deiner Suche nach der Wahrheit hinter den Dingen und bei deinem Bestreben, dich von Begrenzungen befreien zu wollen und deine außersinnliche Wahrnehmungsfähigkeit zu erweitern. Von hier aus wird dein Sprachzentrum energetisch versorgt. Das blaue Licht vermittelt dir ein Gefühl der Sicherheit, des Beschützt-Seins, der Geborgenheit, der Ruhe und des Friedens.

In der Ruhe liegt die Kraft. ICH BIN EINS MIT DER GÖTTLICHEN FÜHRUNG – DEIN WILLE GESCHEHE DURCH MICH. Das blaue Licht unterstützt dich bei deiner Suche nach dir selbst, bei deiner Suche nach dem Wunderbaren – das du bist.

Langsam erhebt sich der blaue Lichtstrahl nun empor zum Stirnbereich, zu deinem 3. Auge, wo er sich zu einem tiefen Indigoblau verwandelt. Von hier aus wird dir tiefes, inneres Verstehen und das Erkennen des „Göttlichen Funkens“ in deinem Wesen vermittelt.

Die Freiheit deiner Gedanken, deine Visionen sowie die Zielsetzung für dein Leben wird in diesem Bereich gesteuert. Hier liegt deine Geisteskraft der Vorstellung mit einem uneingeschränkten Phantasiereichtum, der deinen Willen mit farbigen Zukunftsvisionen versorgt und ihm damit einen gewaltigen Ansporn verleiht, sein Ziel hoch oben anzusetzen, um das innere Kraftpotential voll auszulasten, damit du so dem Sinn deines irdischen Lebens voll gerecht werden kannst. Der Wille stimuliert mit seinem gewaltigen Energiepotential auch alle anderen Geisteskräfte in dir und setzt sie damit ebenfalls in Bewegung.

ICH BIN EIN TEIL DES LICHTES – ICH LASSE LOS UND VERTRAUE. ICH ÜBERLASSE MICH DEM FLUSS DES LEBENS. Diese Worte geben dir Mut und Zuversicht und lassen dich etwas von der großen Macht erahnen, die dir als Mitschöpfer Gottes zur Verfügung steht. Und weiter hebt sich das Licht nun empor zu deinem Scheitel, zu deinem Kronen-Chakra, wo es sich jetzt in ein wunderschön leuchtendes Violett verwandelt hat.

Violett ist die Farbschwingung, die deiner Seele Nahrung gibt. Man sagt, ohne Violett würde die Seele verkümmern. Über dieses Zentrum erhältst du Zugang zur Weisheit deiner alten Seele, zu geistigem Wissen, zu außergewöhnlicher Kreativität, zu deiner Inspiration. Violett hilft dir dabei, den Sinn deines Lebens besser erkennen zu können, verstärkt deine mediale und visionäre Energie und ermöglicht damit deine Wahrnehmungsfähigkeit für das innere Licht, das dazu imstande ist, Wunder in deinem Leben auszulösen, weil damit in den Zellen eine atomare Energie in Gang gesetzt wird, die es vermag, dein Schicksal günstig zu beeinflussen. Violettes Licht hat große Transformationskraft und verhilft zu Erneuerung und zu geistiger Freiheit. Die „violette Flamme" verbrennt Negativität und macht neues Wachstum möglich. Sie unterstützt dich dabei, die Aufgaben dieser Inkarnation besser erkennen und bewältigen zu können.

Sie ist das göttliche Gnadengeschenk, das dir dabei hilft, alten Ballast und karmische Verstrickungen schneller auflösen und bereinigen zu können und auch deine eigenen Bedürfnisse zu berücksichtigen.

ICH BIN ERLEUCHTET – VOR MIR LIEGT EIN LEBEN VOLLER FRIEDEN UND LICHT. ICH GEHE DEN WEG DER LIEBE, GÜTE UND BARMHERZIGKEIT ZUR LÄUTERUNG MEINER SEELE UND ZUR ERFÜLLUNG MEINES LEBENSPLANES. Diese Erkenntnis macht dich glücklich und beschwingt und sehr zuversichtlich und dankbar.

Nun bist du die Regenbogenbrücke entlang gewandert – sie verläuft durch deinen Körper vom Wurzel-Chakra bis hinauf zum Kronen-Chakra und verbindet Himmel und Erde in dir. Die Farben des Regenbogens spiegeln das menschliche Dasein wider und vereinen in sich all das, was wir brauchen, um unseren Weg durch die Materie wohlbehalten und gefahrlos durchqueren zu können. Denn in den einzelnen Farbschwingungen sind auch gleichzeitig die hilfreichen Energien vorhanden, die wir alle brauchen, um die Stationen unseres Lebens besser bewältigen zu können.

Es ist die Regenbogenbrücke aus dem Herzen Gottes – aus der Urquelle allen Lebens – die uns mit den kosmischen Kräften verbindet und uns sicher an unser Ziel geleitet, dorthin, wonach die Seele sich so sehr sehnt – zurück in ihre ewige Heimat.

Die Reise zum Land der Liebe

Erkenne vor dir eine wunderschöne Blumenwiese in ihrer vielfältigen Farbenpracht. Es ist ein Ort der Ruhe und des Friedens, umhüllt vom süßen Duft der vielen Blüten, erfüllt vom Summen der Bienen und vom Flügelschlag bunter Schmetterlinge mit ihren kunstvoll bemalten Flügeln, die sie hoch emportragen – in die Weiten des Himmels und zum Licht, – dorthin, wo sich das Land der Liebe befindet. Plötzlich spürst du eine brennende Sehnsucht in deinem Herzen aufsteigen, eine Sehnsucht danach, leicht und frei wie ein Schmetterling zu sein, um dich emporheben zu können zum Licht und zum Land der Liebe. Und du breitest deine Arme weit aus und beginnst sie zu bewegen, so als hättest du bereits Flügel.

Zu deiner großen Freude bemerkst du plötzlich, dass du wirklich zu schweben beginnst und du siehst, wie sich die Blumenwiese unter dir immer mehr und mehr entfernt und wie du dem Blau des Himmels entgegenschwebst, immer höher und höher empor.

Dabei fühlst du, wie du immer leichter, beschwingter und glücklicher wirst und wie sich das Licht um dich herum mehr und mehr ausbreitet und dich sanft umhüllt. Je höher du emporschwebst, um so mehr kannst du fühlen, wie alles Schwere, Sorgenvolle, Angsterfüllte von dir abfällt. Ein gutes, befreiendes Gefühl lässt dich tief durchatmen und zaubert ein Lächeln in dein Gesicht.

Jetzt bemerkst du, dass dein Flug beendet ist und dass du an deinem Ziel angelangt bist. Du findest dich in einer anderen Welt wieder, in einer Welt, in der alles so friedlich, so voll von Harmonie, Licht und Liebe ist. Und wie du dich hier so umschaust, bemerkst du voll Freude ein strahlendes Wesen, das freundlich lächelnd auf dich zukommt und dir seine beiden Hände entgegenstreckt. Und plötzlich erkennst du sie wieder, deine alte, weise Dualseele, die fehlende zweite Hälfte von dir, den Teil, den du an dir so schmerzlich vermisst und der all das enthält, was du an dir als Mangel – als fehlende Stärke und als Unzulänglichkeit beklagst.

Du spürst, wie aus dem Herzen deines Seelenpartners Licht und Liebe zu dir herüberfließt und sich überall dort in dir ausbreitet, wo du es ersehnst – dieses wärmende Licht der Liebe. Dein Körper fühlt diese sanften und dabei so kraftvollen Energien wie heilsamen Balsam, der nun überall dort seine Wirkung zeigt, wo dir das Leben Wunden geschlagen hat und wo jetzt Heilung notwendig geworden ist. Du fühlst, wie diese lichtvolle Liebeskraft deinen Körper, deinen Geist und deine Seele durchflutet und alles besänftigt, harmonisiert und heilt, was in dir nach lichtvoller Liebesenergie verlangt. Deine alte, weise Dualseele kennt die Sehnsüchte, Wünsche und Hoffnungen in dir und sie weiß Rat auf deine Fragen, auf deine quälende Unsicherheit und deine Ratlosigkeit.

Jetzt hast du die Möglichkeit, Antwort auf alle deine Fragen zu erhalten. Spüre die vertraute Nähe deines Seelengefährten und lass dich von den liebevollen Schwingungen bereitwillig einhüllen und verzaubern. Nimm dabei auch die sanfte Atmosphäre von rosafarbenem Licht um dich herum wahr und atme den süßen Duft vollerblühter Rosen tief in dich ein.

Und nun halte Zwiesprache mit dem geliebten Gefährten deiner Seele, den du so oft vermisst und von dem du schon so lange geträumt hast. Jetzt ist er ganz nahe bei dir.

Gestärkt, geheilt und getröstet, mit neuen Impulsen, frischem Mut und Lebensfreude erfüllt, nimmst du jetzt wieder Abschied vom Land der Liebe.

Du beschließt, deinen Rückflug zur Erde anzutreten. Voll Dankbarkeit verlässt du das lichte Reich der Liebe und bist dir dessen bewusst, dass du hier all das erhalten hast, was du brauchst, um dein irdisches Dasein mit mehr Liebe, Freude, Begeisterung und Erfolg leben zu können. Dabei bist du dir auch dessen bewusst, dass du immer wieder hierher zurückkehren kannst, wenn du dich danach sehnst, mit deinem Seelengefährten - deinem Dualwesen - in Kontakt zu treten, um mit ihm eine liebevolle Verschmelzung zu erleben, die dir dabei hilft, in deine Ganzheit zurückfinden zu können - in deine Einheit, die für dich Fülle, Heilsein, und Glückseligkeit bedeutet. Nun nimmst du wahr, dass sich unter dir deine Blumenwiese ausbreitet, von der aus du deine Reise zum Land der Liebe angetreten hast. Deine Füße berühren sanft den Boden und du beschließt, dich noch eine kleine Weile auf deiner wunderschönen Wiese auszuruhen.

Dabei lässt du das, was du eben erlebt hast, noch einmal durch deinen Geist ziehen und bist dir auch dessen bewusst, dass jede einzelne deiner Zellen diese wundervolle Erfahrung gespeichert hat - abrufbereit - wenn du dein Bewusstsein darauf richtest und wenn du Zugang zur Einheit - zur universellen Ganzheit suchst, im Zeichen des Lichtes und der Liebe.

Der Lebensfilm

Stell dir vor, dass du dich im Inneren einer Lichtpyramide befindest, wo du dich ganz wohl, sicher und geborgen fühlst. Nun nimmst du wahr, dass hier ein wunderschöner, farbenprächtiger Teppich liegt – weich und seidig.

Du hast den Wunsch, dich darauf zu legen und es dauert gar nicht lange, bis du wohlig entspannt eingeschlafen bist und einen wunderbaren Traum hast. Du siehst dich dabei auf einem fliegenden Teppich liegen und nimmst wahr, wie dich dieser ganz langsam und sicher in lichte Gefilde emporträgt – mit dir eine wunderbare Reise macht – eine Reise zu einem Ort, der voll Frieden, Licht und Liebe ist. Behutsam setzt dein fliegender Teppich nun zur Landung an. Du steigst ab und schaust dich an diesem herrlichen Ort einmal um. Es ist ein herrlicher Tag – die Sonne strahlt vom Himmel – du fühlst, wie dich eine frische Brise umweht und nimmst dabei den herrlichen Duft der Blumen wahr, die hier in verschwenderischer Pracht blühen und in vielen Farben leuchten.

Diese Farben berühren dich – du bist davon begeistert. Nimm sie nun ganz bewusst in dich auf – lasse sie mit jedem Atemzug mehr und mehr in dich einströmen. Spüre die friedliche, harmonische Schwingung dieses herrlichen Ortes.

Lass diesen Frieden und diese Harmonie in deinen Körper einfließen – in alle deine Organe – in jede einzelne Zelle – bis du ganz erfüllt bist von diesen wunderbaren Energien. Nun erblickst du, gar nicht so weit von dir entfernt, eine Anhöhe und beschließt, den Hügel hinaufzusteigen, um den Blick in die Ferne dieser wunderbaren Gegend genießen zu können.

Du bist nun oben angekommen und betrachtest voll Staunen das wunderbare Panorama, das sich von hier aus bietet. Es ist eine silbrig glänzende Bergkette, die sich vor deinen Augen auftut, ein leichter Nebelschleier liegt darum und du empfindest fast so etwas wie Andacht beim Betrachten dieses einzigartigen Naturschauspiels. Du wendest deine Aufmerksamkeit der linken Seite dieser Bergkulisse zu und nimmst zu deinem Erstaunen wahr, dass der Nebel dichter geworden ist und sich zu einer großen Leinwand verwandelt hat, auf der du Bilder aus deiner Vergangenheit auftauchen siehst, die wie ein Film vor dir vorüberziehen und Situationen aus deinem bisherigen Leben zeigen. Stationen deines verflossenen Lebens, wo du heiter, fröhlich, glücklich und verliebt gewesen bist – Tage des Erfolges, voll von Tatendrang, Kreativität, Zuversicht und Optimismus.

Du lächelt dir selbst zu und freust dich, wenn du jetzt diese schönen Bilder wahrnimmst, die dich als Hauptdarsteller deines Lebensfilms zeigen, die einen Glanz von Freude und Dankbarkeit in deine Augen zaubern und dein Herz schneller schlagen lassen. Dein Lebensfilm zeigt dir jetzt aber auch noch andere Bilder – solche, wo du dich ungeliebt und unverstanden gefühlt hast – traurig, mutlos, allein gelassen.

Du nimmst auch Fehler wahr, die dir im Laufe der Zeit unterlaufen sind – Situationen, wo du deine innere Stimme überhört oder gegen deine Überzeugung gehandelt hast, – wo du dir selbst untreu geworden bist – wo du andere Menschen gekränkt, verleumdet oder verletzt hast. Auch diese Abschnitte deines Lebens schaust du dir jetzt sehr aufmerksam an – im Bewusstsein, einen tieferen Sinn hinter all den vergangenen, schmerzhaften Erfahrungen zu erkennen – denn du weißt ja – nichts in deinem Leben ist sinnlos, ohne Bedeutung oder umsonst gewesen.

Alles hatte einen Grund, eine ganz tiefe Bedeutung und diente deiner Weiterentwicklung, deiner Reife, der Läuterung deiner Persönlichkeit. Fehlentscheidungen, Misserfolge, Fehltritte, Täuschungen oder Nachlässigkeiten, Begebenheiten, die dich gekränkt, beleidigt oder in deiner Würde verletzt haben, all das siehst du auf der großen Leinwand zu deiner linken Seite, wo jetzt der Film deines bisherigen Lebens abläuft, den du sehr aufmerksam an dir vorüberziehen lässt, solange, bis du merkst, dass du beim heutigen Tag angekommen bist.

Du hältst kurz inne, nimmst deine Gefühle und Empfindungen wahr und beginnst dann ganz automatisch darüber nachzudenken, wie dieser dein Lebensfilm wohl weitergehen wird.

Und in diesem Moment wird dir voll bewusst, dass du nicht nur der Hauptdarsteller in diesem Film bist, sondern dass du auch derjenige bist, der das Drehbuch schreibt und Regie führt. Und voll von Ideen, Wünschen, Sehnsüchten und Träumen wendest du dich jetzt deiner rechten Seite zu, wo du Raum und Zeit vorfindest, um die Fortsetzung deines Lebensfilms zu gestalten. Du wünscht dir ein großartiges Finale, ein Happy End deiner Lebensgeschichte und machst dich jetzt mit Hilfe deiner Intuition und deiner Inspiration daran, den Stoff, aus dem die Träume sind, in Bilder umzusetzen und deine ergreifende, eindrucksvolle, spannende Geschichte zu erzählen.

Nun nimmst du auch zu deiner rechten eine große Leinwand wahr und ganz entspannt und gelassen konzentrierst du dich darauf, einen Blick in deine Zukunft zu werfen und den Film zu betrachten, der darüber bereits existiert, tief in deinem Unterbewusstsein, und den du mit Hilfe deiner Intuition, deiner außersinnlichen Wahrnehmungsfähigkeit, an dir vorüberziehen lassen kannst. Bleibe dabei ganz ruhig und vertraue deiner „höheren Führung" im Bewusstsein, dass du Mitschöpfer deines Daseins bist und dass du einen freien Willen hast, der dich dazu befähigt, deinen Lebensfilm nach deinen Wünschen und Vorstellungen zu gestalten, um dem tiefen Sinn deines Daseins – deinem Seelenplan – gerecht zu werden und um dieses irdische Leben erfolgreich abschließen zu können.

Betrachte diesen Film deiner Zukunftsvisionen sehr

konzentriert und präge dir alles, was du dabei wahrnimmst, tief in deinem Inneren ein, damit du dann später darauf zurückgreifen und dich daran orientieren kannst, wenn das Leben dich dazu auffordert, Entscheidungen zu treffen und deine Weichen neu zu stellen, um eine vielleicht notwendig gewordene Veränderung einzuleiten, die deinem Dasein neuen Aufschwung, ersehnte Höhepunkte und bessere Perspektiven zu verleihen imstande ist. Es liegt in deiner Hand – und es ist nie zu spät, um neu zu beginnen, denn solange du lebst, solange du atmest und fühlst, solange hast du die Möglichkeit, dein Leben neu zu gestalten, zu beeinflussen oder zu verändern, wenn du die Notwendigkeit dazu in dir fühlst.

Du bist jetzt ganz licht, ganz klar und öffnest dein Herz im Bewusstsein, dass dir aus dem Bereich des Lichts, – aus der göttlichen Quelle – ein Symbol in deine Hände gelegt wird, das dir dabei hilft, deinen weiteren Weg erfolgreich vorzubereiten. Präge es dir ganz fest ein und betrachte es als ein kostbares Geschenk, dass dir dabei helfen wird, das Ziel zu erreichen, das du dir für dieses Leben vorgenommen hast.

Voll Dankbarkeit wendest du nun deinen Blick nach oben im Bewusstsein „Göttliche Liebe geht vor mir her und erleuchtet mir meinen Weg". Du betrachtest nun noch einmal das wundervolle Panorama der silbrig glänzenden Berge, die vom Sonnenlicht eingehüllt vor dir liegen. Alles erscheint dir plötzlich so klar, so hell, so wahr und einleuchtend.

Langsam verlässt du jetzt die lichte Anhöhe und kehrst zu dem Platz zurück, wo dein fliegender Teppich darauf wartet, dich wieder zurückzubringen – zurück ins Hier und Heute. Sanft erwachst du in deiner Lichtpyramide, auf dem seidig - weichen Teppich in den wunderschönen Farben – und dann verlässt du deine Pyramide – gestärkt, erfüllt mit frischen Kräften, mit Freude und mit wundervollen Ideen – bereit für einen neuen Anfang.

Schutzritual

Erhebe dich mit deinem Geiste empor zum Licht über dir und erkenne in dem leuchtenden, funkelnden Licht hoch oben deinen Seelenstern.

Er ist seit Anbeginn deiner Existenz im Licht eingebettet und strahlt dir auf deinen Lebensweg Kraft und Stärke herunter in die Materie – in Zeit und Raum.

Nun erkenne, wie sich aus deinem Seelenstern über dir zwei leuchtende Lichtstrahlen lösen und zu dir herunterfließen, sich an deiner linken und rechten Seite verankern und mit der Mutter Erde verschmelzen.

Du nimmst wahr, dass sich auf diese Weise eine Lichtpyramide um dich herum gebildet hat, die dich schützend umgibt und die dir einen Raum verschafft, in dem du dich ganz sicher, wohl und geborgen fühlst.

Im Inneren deiner Pyramide ist es angenehm warm. Sie ist erfüllt mit herrlichen Farbspielen und Sphärenklängen und du riechst die köstlichen Düfte von Räucherwerk, das du so sehr liebst.

Alles in diesem Raum ist ganz genau auf deine Bedürfnisse, Wünsche und Vorstellungen abgestimmt und du genießt diese beglückende Atmosphäre mit allen deinen Sinnen.

Nun entdeckst du in der Mitte deiner Lichtpyramide einen weichen, bequemen Ruheplatz, auf den du dich sanft niederlässt. Wohlig entspannt, gelöst und aufnahmebereit erwartest du in dieser angenehmen, friedlichen und harmonievollen Stimmung die Hilfen, die es dir ermöglichen, deinen physischen und deine feinstofflichen Körper in ein Schutzfeld zu hüllen, das dich in deinen Alltag begleiten soll, um dich dort sicher und geborgen zu halten.

Du weißt, dass damit auch die Erhöhung deines Lichtkörpers gefördert wird – die Anhebung deiner spirituellen Energien – das Erwachen deiner außersinnlichen Wahrnehmungsfähigkeiten, die in dir liegen und die jetzt wiederentdeckt werden möchten. Du weißt um deine Kraft und um die Macht, die in dir ruht, aber du weißt auch um die Blockaden und Hemmnisse, die dir deinen irdischen Weg erschweren. Deshalb bist du jetzt bereit, die Erhöhung deines Lichtkörpers voranzutreiben und die Auflösung alter, karmischer Schulden in Angriff zu nehmen, um in deine dir angestammte Freiheit zurückkehren zu können.

Konzentriere deine Aufmerksamkeit nun auf die Spitze der Pyramide und nimm dabei wahr, wie sich jetzt dort oben ein Lichtstrahl zeigt, kraftvoll leuchtend und hochkonzentriert, einem Laserstrahl gleich. Dieser Lichtstrahl bewegt sich in einer feinen, spiralförmigen Drehung langsam zu dir herab und fließt durch dein Kronen-Chakra in deinen physischen Körper ein. In einer spiralförmigen Drehbewegung durchleuchtet dieser kosmische Lichtstrahl jede Zone deines Körpers, jedes Organ, jede Drüse, bis hin zu den kleinsten Stellen in der Peripherie deiner körperlichen

Hülle. Und du beobachtest dabei sehr genau die feine Präzisionsarbeit dieses wirkungsvollen Laserstrahls, der diese in höchst perfekter Weise für dich ausführt, in links- und rechtsdrehenden Schwingungen durch deinen Körper hindurchfließt und dabei genau weiß, was du jetzt brauchst, was im Moment für dich notwendig, heilsam und hilfreich ist.

Sobald dieser Vorgang in deinem grobstofflichen Körper auf vollkommene Art und Weise beendet und abgeschlossen ist, verlagert der kosmische Lichtstrahl seine Aktivität auf deine feinstofflichen Strukturen, auf deine spirituellen Körper.

Und auch hier erfolgt wiederum auf die gleiche Weise eine vollkommene energetische Bereinigung aller deiner Energiefrequenzen, deiner Gefühls- und Gedankenmuster, deiner Erinnerungen, Wünsche, Sehnsüchte, Phantasien und Illusionen, die auf diese Weise dem Licht perfekt angeglichen werden. Und wiederum führt der spiralförmige Lichtstrahl seine Präzisionsarbeit auf vollkommene Art und Weise aus – zu deinem höchsten Wohl.

Nachdem dieser Vorgang ebenfalls erfolgreich beendet ist, erblickst du jetzt über dir ein strahlendes Leuchten, das aus einer anderen Welt zu kommen scheint – und du erkennst plötzlich eine liebevolle, sanfte, gütige Gestalt, die sich dir, von oben kommend, langsam nähert. Es ist dein Schutzengel, der sich dir zur Seite gestellt hat, als du diesen Planeten Erde betreten hast, um deinen Seelenplan zu erfüllen mit all den Aufgaben, die damit verbunden sind. Du warst dazu bereit und hast zu deinem Schutz, zu deinem Trost und zu deiner Freude einen starken, geistigen Helfer zur Seite gestellt bekommen – deinen Schutzengel.

Jetzt steht er ganz deutlich sichtbar neben dir und versichert dich seiner Liebe und seiner Treue. Dieses Bild prägt sich ganz tief in dein Bewusstsein ein – und du nimmst es mit zurück ins Hier und Heute – mit dem Wissen, dass du immer und zu jeder Zeit dazu imstande bist, einen spirituellen Schutz um dich herum aufzubauen, wenn du dich an dieses Bild zurückerinnerst, das du jetzt, in diesem Ritual, aufgezeigt bekommen hast.

Es ist die Form der Pyramide, die sich aus dem kosmischen Licht gebildet hat und dir einen geschützten, sicheren Raum bietet und es ist die kraftvolle, kosmische Lichtspirale, die vollkommene Ordnung schafft, wenn du sie geistig dafür in Gang setzt. Die lichtvolle Hilfe deines Schutzengels unterstützt dich liebevoll in deinem Bemühen, wenn du ihn vertrauensvoll darum bittest. Gehe also hin und wisse um das Geheimnis, das dir hier nahegebracht worden ist, im Bewusstsein, dass du ein Mitschöpfer Gottes bist – und damit stark, uneingeschränkt und machtvoll.

Das Zeichen der Pyramide sei als geistiges Symbol in deinem 3. Auge verankert, damit du es immer wieder visualisieren kannst, um dein Schutzfeld zu verstärken und damit du um dich herum stets eine Atmosphäre zu schaffen vermagst, die dieser hier gleicht

und die gleichzeitig auch die Erinnerung in dir weckt, dass du immer und zu jeder Zeit dieses Schutzritual geistig abrufen und um dich herum wirksam werden lassen kannst.
Das Wort der Energieübertragung lautet:

> ICH BIN geschützt, geführt und geleitet und mit LICHT erfüllt.
>
> So ist es – Dank sei Gott – Amen

Aus diesem Ritual ist ein Energiestrom zu gewinnen, der dazu in der Lage ist, den Weg durch die Zeit zu verkürzen, weil er mit mehr Ausdruckskraft und Effektivität gegangen werden kann.

> ICH BIN dafür verantwortlich, dass dieses Ritual ein wirkungsvolles Geschenk ist, das dem kosmischen Gesetz auf vollkommene Art und Weise entspricht.
>
> ICH BIN URIEL; der König des Lichtes in seiner rubinrotgoldenen Leuchtkraft.

Ritual für Fülle und Wohlstand

Es ist mein göttliches Vorrecht, die Gebundenheit in der Materie aufzulösen, im Bewusstsein, dass ich einen freien Willen habe und über unbegrenzte Schöpferkraft verfüge. Dieses Ritual hilft mir dabei, meine ätherische Blaupause alter und überholter Gedanken- und Gefühlsmuster durch neue Energiestrukturen zu ersetzen, die Wohlstand und Fülle als gottgegebene Substanz bejahen und damit eine Umwandlung im irdischen Geschehen ermöglichen.

Jetzt ist ein neuer Tag angebrochen, der Energietransformationen beschleunigt und Zustände, die dem höchsten Wohl meiner Seele widersprechen, erneuert, dem göttlichen Gesetz der Gnade entsprechend.

Das Universum ist unermesslich reich und mit unbegrenzter Fülle versehen. Gott ist in allem – und alles ist Gott. Von diesem Wissen beseelt, erhebe ich mich empor zum Licht und begrüße die Fülle und den Wohlstand in meinem Leben als einen Teil der Göttlichen Substanz, die in allem und jedem lebendig ist und die ich als Erbe eines unaussprechlich reichen und gütigen himmlischen Vaters anerkenne.

> ICH BIN mit der allumfassenden, göttlichen Substanz verbunden und mache weisen Gebrauch von ihr.

ICH BIN eins mit den unbegrenzten Möglichkeiten von Gottes Reichtum und Fülle.

ICH BIN mit unerschöpflicher, göttlicher Substanz versorgt, die sich in reicher, angemessener Form ausdrückt und vollkommene Ergebnisse zeigt.

ICH BIN ein strahlendes Licht aus dem Herzen Gottes und mit göttlicher Substanz überreichlich ausgestattet.

(3 mal sprechen)

Eine Reaktivierung meines multidimensionalen Bewusstsein erfolgt jetzt in mir und um mich herum. Meine Schwingungen erhöhen sich und mein Zellbewusstsein erwacht zu neuen Taten und gibt mir alte Erinnerungen frei, die mein neuerwecktes Wohlstandsbewusstsein stärken. Dadurch offenbart sich mir der wahre Sinn dieses Lebens und die Aufgabe, die ich hier zu erfüllen habe – meinem göttlichen Plan gemäß. Ich bin erwacht und erinnere mich wieder an mein göttliches Erbe. Neue Chancen und glückliche Umstände tun sich vor mir auf und ich nehme diese erfreulichen Zeichen gerne an und spüre, dass sich mein Selbstwertgefühl und meine Lebensfreude damit enorm steigern. Von diesem Blickwinkel aus erkenne ich jetzt auch sehr deutlich meine verschiedenen Wesenszüge, Verhaltensmuster und Verstrickungen, die mich bei meinem Vorwärtskommen bisher behindert haben. Ich erkenne sie, betrachte sie genau und lasse mit Leichtigkeit alles los was meiner Vorstellung von Wohlstand und Fülle widerspricht. Ich weiß, dies ist ein neuer Anfang für mich und ich bin dazu bereit, ein neues Reichtumsbewusstsein in mir zu erschaffen.

Jede Situation in meinem Leben, die nach einer Veränderung verlangt, kommt jetzt in mein Bewusstsein, damit ich sie mit Liebe, Verständnis und Toleranz transformieren kann. Ich bin vertrauenswürdig, fleißig und ehrlich, denn ich bin der vollkommene Ausdruck der göttlichen Ordnung und der universellen Wahrheit. Die göttliche Kraft in mir unterstützt jetzt alle Veränderungen, die notwendig geworden sind. Freude und Dankbarkeit pulsieren durch mich hindurch und ich fühle, wie ich immer höher und höher emporsteige in lichte Ebenen meiner Gedanken, Gefühle und Erinnerungen. Mir ist jetzt ganz klar bewußt, dass ich die Macht habe, Fülle und Wohlstand in mein Dasein zu integrieren, so wie es meinen innigen Wünschen und Vorstellungen entspricht.

Eingehüllt in ein lichterfülltes Schutzfeld bitte ich nun meine hohen, geistigen Führer, mir jede bewusste oder unbewusste Erfahrung zu zeigen, die mich jetzt noch davon abhält, Fülle und Wohlstand in meinem Leben zu manifestieren.

Ich bin gerne dazu bereit, alle disharmonischen Schwingungsfrequenzen aus jeglicher Existenz loszulassen und in der „violetten Flamme“ zu verbrennen und alle Gedankenmuster zu transformieren, wenn sie Gottes grenzenloser Fülle, vollkommener Versorgung, materieller Freiheit und Ungebundenheit widersprechen. Während nun Bilder vor meinem geistigen Auge aufsteigen und Empfindungen aus meinem Unterbewusstsein an die Oberfläche kommen, vertraue ich mich der transformierenden Kraft der „violetten Flamme" an und atme diese bereinigende Energie tief in mich ein mit dem Wissen, dass dieser Gnadenakt ein mächtiges Geschenk meines gütigen, barmherzigen und liebevollen himmlischen Vaters ist.

Violettes Licht transformiert jetzt augenblicklich alle meine negativen Gedanken, Gefühle, Worte, Handlungen und Glaubensmuster, die meine vollkommene, finanzielle Freiheit in irgendeiner Weise blockieren. Jedes Elektron meines Körpers und jede Energiefrequenz meiner feinstofflichen Hüllen wird in die ursprüngliche, göttliche Vollkommenheit zurückgebracht. Die Aktivität des Lichtes um mich herum nimmt nun immer mehr und mehr zu und der Schein reicht weit zurück in viele, vergangene Inkarnationen, um dort eine vollkommene Umwandlung im Zeichen der Gnade vorzunehmen. Auch wenn jetzt schmerzhafte Erinnerungen hochgespült werden, die mich emotional tief berühren, so bin ich doch mehr denn je dazu bereit, all das ohne Angst und Bedauern loszulassen, um damit Freiraum zu schaffen für das unnachahmliche Gefühl von materieller Sorglosigkeit und grenzenloser Freiheit.

Ein tiefes Gefühl von Freude und Dankbarkeit durchströmt mein Herz, wenn ich jetzt die Worte meines geistigen Führers wahrnehme:

> ICH BIN gesegnet mit der göttlichen Kraft der Transformation, die mir aus dem violetten Strahl des Lichtes zufließt als ein Zeichen der Liebe, Güte und Barmherzigkeit eines allmächtigen Gottes, der mein himmlischer Vater ist. Ursachen und Wirkungen, die meine Freiheit blockieren wandeln sich sofort um und manifestieren sich in reicher Substanz, die mein göttliches Erbe ist und die für mich Fülle, Wohlstand und materielle Freiheit bedeutet.
>
> ICH BIN frei – ICH BIN frei – ICH BIN endlich wieder frei von allen finanziellen Begrenzungen und materiellen Belastungen, die mich auf meinem Weg zum Licht bisher behindert haben.
>
> So ist es – Dank sei Gott.

Engel und Lichtwesen beginnen nun damit, meine Gedankenformen der Energiefrequenz des Wohlstands entsprechend zu magnetisieren. Goldenes Licht strahlt in spiralförmigen Schwingungen in meine Energiekörper und in meinen irdischen Leib und energetisiert jede Faser meines Wesens mit dem Gold der göttlichen Fülle. Wohlstand und Fülle manifestieren sich jetzt in mir und breiten sich weithin sichtbar aus. Damit ist die Resonanz wiederhergestellt und das Tor geöffnet, durch das göttliche Substanz in mein Leben kommen und sich darin manifestieren kann.

ICH BIN jetzt eingebettet in Gottes grenzenloser Versorgung und habe alles, was ich mir wünsche, um meinen Dienst im Zeichen des Lichtes auf vollkommene Art und Weise leisten zu können, zum höchsten Wohl meiner Seele und in Übereinstimmung mit Gottes weiser Voraussehung.

Dafür bin ich dankbar - dankbar - dankbar.

Der sanfte Weg zur Heilung von zwischenmenschlichen Beziehungen

Dieses Ritual ermöglicht eine sanfte, aber höchst wirkungsvolle Auflösung von Problemen in zwischenmenschlichen Beziehungen, die unerträglich geworden sind und die nach einer Heilung und nach einer energetischen Trennung verlangen.

Versetze dich mit Hilfe deines Atems in einen tiefen Entspannungszustand und begib dich in deine innere Mitte, bereit, all das auflösen und heilen zu wollen, was dir in deiner Partnerschaft zur Last geworden ist, was deine Freiheit beeinträchtigt und was dich auf deinem Weg zum Licht blockiert und behindert.

Visualisiere nun, wie eine Schar von Engeln und Lichtwesen um dich herum einen Kreis bilden und dich damit liebevoll in ihre Mitte nehmen. Du fühlst dich gut geschützt, sicher und geborgen. Konzentriere dich jetzt auf den Menschen, zu dem eine Verbindung besteht, die in dieser Form untragbar geworden ist, weshalb du sie energetisch auflösen möchtest.

Nun nimmst du wahr, dass sich dir gegenüber ein weiterer Kreis gebildet hat, in welchem sich der Partner befindet, mit dem du eine Bereinigung und Auflösung unliebsamer Geschehnisse anstrebst, die deine Gedanken und Gefühle belasten, weshalb du dich davon in Frieden verabschieden möchtest.

Lass all das, was du an schmerzlichen Erinnerungen in dir trägst, noch einmal in Gedanken an dir vorüberziehen und vergegenwärtige dir dein Anliegen ganz klar und deutlich.

Nun erhebe dein Bewusstsein empor zum Licht und sprich die folgenden Affirmationen drei mal:

> Es ist Licht in allen meinen Angelegenheiten.
>
> Es ist göttliche Ordnung in meinem Lebensraum.
>
> Es ist vollkommene Wahrheit in der Erfüllung meines Lebensplanes.

Formuliere jetzt geistig noch einmal dein Anliegen und bitte all die Engel und Lichtwesen um dich herum, dir zu helfen und dich zu unterstützen bei dem folgenden Loslösungsprozess im Zeichen des Lichtes, auf dass dir deine Freiheit zurückgegeben und deine seelischen Wunden geheilt werden mögen.

Erblicke nun über dir eine leuchtende Lichtkugel, erfüllt mit dem göttlichen Licht und seiner alles durchflutenden Heilkraft und nimm die kraftvollen Lichtstrahlen wahr, die wie „kosmische Scheinwerfer" in deinen Kreis und in den Kreis dir gegenüber gerichtet sind und diese mit überirdischem Licht erfüllen. Und du erhebst dein Herz empor, zum göttlichen Licht über dir mit dem Bewusstsein:

> ICH BIN das ICH BIN – und damit bin ich ermächtigt, alle notwendigen Hilfen in Empfang zu nehmen, die mich dabei unterstützen, diesen Loslösungsprozess zu meinem höchsten Wohl

und zum höchsten Wohl des Menschen im Kreis mir gegenüber auf vollkommene Art und Weise zu vollziehen – und dafür bin ich aus tiefstem Herzen dankbar.

Blicke jetzt mit deinem 3. Auge auf deinen imaginären Bildschirm und beobachte ganz genau, was nun vor sich geht. Du wirst möglicherweise wahrnehmen können, dass du energetische Fesseln trägst, die aus dem gegenüberliegenden Kreis zu dir herüberreichen und die dir wie Ketten, Stricke, Schläuche oder Kabel erscheinen mögen, die sich irgendwo an deinem Ätherkörper festgesetzt haben und in deinem Energiefeld verankert sind. Es ist die geistige Verkettung mit dem Menschen dir gegenüber, die du jetzt mit erhöhter Sinneswahrnehmung betrachtest. Prüfe nun, inwieweit auch dein physischer Körper davon in Mitleidenschaft gezogen worden ist. Vielleicht fühlst du jetzt irgendwo einen dumpfen Schmerz, oder sonst irgendein Unbehagen, das deine Aufmerksamkeit auf sich zieht. Betrachte dich auf deinem geistigen Bildschirm ganz genau und nimm auch wahr, wie die Verankerung der energetischen Fesseln beschaffen ist und wo sie sich auf deinem Körper befinden.

Gehe von Kopf bis Fuß mit deiner Aufmerksamkeit durch dich hindurch und registriere jedes Detail, das du wahrnehmen kannst, ganz genau. Mache dir bewusst, dass Engel und Lichtwesen um dich herum sind. Sei ohne Angst, denn die liebevollen Wesen behüten und unterstützen dich. Sie überwachen und lenken deinen Loslösungsprozess im Zeichen des Lichtes mit liebevoller Zuneigung und voll Mitgefühl. Mit zarten Händen werden von ihnen nun alle Fesseln von dir gelöst und die dadurch entstandenen Wunden werden mit kosmischem Heilelixier versorgt. Alles geschieht sehr sanft sowie mit äußerster Sorgfalt.

Nun erblickst du neben deinem Lichtkreis die kraftvoll lodernde „violette Flamme", die transformierende Feuerenergie, die alles verbrennt, was dich beeinträchtigt und in deinem Weiterkommen blockiert.

Beobachte auch jetzt wieder, wie die Engel und Lichtwesen liebevoll, sanft und gründlich ihre Arbeit verrichten und alles der „violetten Flamme" übergeben, was sie an energetischen Bindungen und Fesseln aus deinem Ätherkörper entfernt haben.

All das wird verbrannt und transformiert, was dich zuvor behindert und schmerzhaft berührt hat. Es ist ein spiritueller Reinigungsprozess im Zeichen des Lichtes, der sich hier vollzieht und es ist überdies ein göttlicher Gnadenakt, der die Liebe, Güte und Barmherzigkeit des Schöpfers zu uns Menschen verdeutlicht.

Es ist in der Tat eine wunderbare, überirdische Hilfe, die uns immer wieder zur Verfügung steht, wenn wir unser Bewusstsein dafür öffnen und sie mit unserem Willen in Gang setzen.

Nachdem die „violette Flamme" nun alles verbrannt und bereinigt hat, was in deiner zwischenmenschlichen Beziehung der Erlösung und Befreiung bedurft hat, ist es jetzt an der Zeit, die Liebesenergie zu visualisieren, damit dieser Transformationsprozess im feinstofflichen Bereich seine Vollendung erfahren kann.

Stelle dir dazu vor, wie sich jetzt der rosafarbene Strahl der bedingungslosen Liebe, aus dem göttlichen Licht kommend, in deinem Herzen verankert und schließlich immer mehr und mehr ausbreitet – wie dich die rosafarbene Lichtenergie einhüllt und wie sie nun auch allmählich deine Gedanken, Gefühle und Erinnerungen durchflutet und positiv verändert.

Nimm die sanfte, aber höchst wirkungsvolle Kraft dieses kosmischen Liebesstrahls ganz bewusst wahr und beobachte dabei, wie dadurch auch das Herz des Menschen dir gegenüber berührt wird. Die energetische Veränderung in deinem feinstofflichen Bereich löst auch bei deinem Partner eine Resonanz aus, wodurch es bei ihm ebenso zu dementsprechenden Reaktionen kommt, die sich ganz unmittelbar auf die energetische Struktur seines Energiefeldes auswirkten und sein Herz berühren. Fühle die heilende, verbindende Kraft dieses Liebesstrahls und spüre, wie in dir Blockaden und negative Gefühle jetzt wegzuschmelzen beginnen wie der Schnee an der Sonne.

Jetzt mag es sein, dass in dir der Wunsch aufkommt, dem Menschen, der in seinem Lichtkreis dir gegenüber sitzt, etwas zu sagen, was du ihm schon lange einmal sagen wolltest, wozu dir aber bisher die Gelegenheit oder der Mut gefehlt hat, vielleicht weil die Fronten zwischen euch zu sehr verhärtet waren.

Sende aus deinem Herzen einen Strahl von rosafarbener Liebesenergie und beobachte, wie sein Herz jetzt davon berührt wird und wie sich die Schwingungen um ihn herum zu verändern beginnen. Spüre die Energiewellen, die auf dich zurückfließen und nimm wahr, wie das Zerwürfnis zwischen euch beiden nun langsam zu heilen beginnt. Jetzt ist der Augenblick gekommen, um dieses Ritual zur Vollendung zu bringen. Die kraftvolle Affirmation dafür lautet folgendermaßen:

> Ich danke der göttlichen Gnade, die durch die Macht der „violetten Flamme" tätig ist. Ich danke für die Befreiung aus allen Verstrickungen in meiner Partnerschaft, die mich behindert haben und die in der Erfüllung meiner Lebensverwirklichung eine Beeinträchtigung waren.
>
> Ich danke für die vollkommene Freiheit, die wir beide durch dieses Ritual zurückerhalten haben, im Zeichen des Lichtes und der Liebe und zum höchsten Wohl beider Seelen, die sich zusammengefunden haben, um ihren Seelenvertrag zu erneuern oder aber zu beenden, dem Gesetz der universellen Wahrheit entsprechend.
>
> Ich danke für die göttliche Gnade, die in diesem Geschehen ihr vollkommenes Werk tut.

Fühle nun in dich hinein und nimm die unendliche Erleichterung wahr, die sich in deinem Inneren ausgebreitet hat. Es ist dir jetzt so, als wäre dir ein Stein vom Herzen gefallen. Unsagbare Dankbarkeit und ein unbeschreibliches Glücksgefühl steigen in dir auf. Jetzt hast du das innige Bedürfnis, deinem Gott für SEINE

Gnade zu danken, die dir auf diesem Weg zuteil geworden ist und du erhebst dein Bewusstsein empor zum Licht mit diesem Dankgebet.

> Oh, mein Gott – für alles, was DU mir gewährt hast, danke ich DIR aus tiefstem Herzen, mit dem Wissen, damit auf meinem Weg zum Licht höher emporgekommen zu sein. Ich danke DIR für die Gnade der „violetten Flamme“, die mir als kosmische Reinigungskraft zur Verfügung steht und mit der ich alles auflösen und klären kann, was meiner Wahrheit im Zeichen meines Lebensplanes und im Sinne des Lichtes und der Liebe widerspricht.
>
> So ist es – Dank sei DIR, himmlischer VATER.

Aus diesen tiefempfundenen Gefühlen der Dankbarkeit erfüllt sich dein Herz mit tiefer Liebe, Freude und Zufriedenheit. Du nimmst die Heilung deiner inneren Wunden und Verletzungen wahr und damit ein Losgelöst-Sein von allem, was in deinen zwischenmenschlichen Beziehungen bisher so belastend und beeinträchtigend für dich gewesen war.

Zum Abschluss dieses Rituals visualisiere nun noch einmal das rosafarbene Licht der bedingungslosen Liebe und beobachte mit deinem geistigen Auge, wie sich jetzt leuchtende Lichtkaskaden über eure beiden Kreise ergießen und diese schließlich völlig einhüllen in sanfte, rosafarbene Energien von bedingungsloser Liebe.

Jetzt beobachtest du, wie sich der dir gegenüberliegende Kreis zu einer rosigen Lichtkugel verwandelt.

Wie ein Luftballon beginnt diese Lichtkugel nun langsam immer höher und höher emporzuschweben. Und du nimmst wahr, wie sie immer kleiner und kleiner wird, bis sie schließlich im Blau des Himmels verschwindet – bis sie nicht mehr zu sehen ist. Du befindest dich noch in deinem rosafarbenen Lichtkreis und es wird dir klar bewusst, dass durch dieses Ritual in deinem Energiefeld etwas ganz Entscheidendes geschehen ist. Du hast dich von belästigenden, zwanghaften Umklammerungen gelöst und bist dadurch von energetischen Fesseln befreit worden, die dir angelegt wurden. Du bist dir aber auch darüber im Klaren, dass das nur deshalb geschehen konnte, weil in deinem Energiefeld eine Resonanz dazu vorhanden war.

Durch die bewusste Loslösung der energetischen Fesseln im Zeichen des Lichtes, bist du nun in die Lage gekommen, diese Affinität aufzuheben, womit nun auch kein „Ankerplatz" mehr vorhanden ist, an dem sich blockierende Gedanken, Wünsche oder Manipulationen irgendwelcher Art festhaken können.

Du kannst dir das ungefähr so vorstellen, als hättest du jetzt eine „silberne Rüstung" angelegt, die deine persönliche Intimsphäre gut schützt. Auf diese Weise sind neue Fronten geschaffen worden, die eine weitaus bessere Ausgangsbasis für das künftige Zusammenleben mit diesem Menschen, von dem du dich jetzt energetisch getrennt hast, bietet. Es muss also keineswegs unbedingt dazu kommen, dass du dich künftig von ihm gänzlich distanzierst und ihn nie wieder zu

Gesicht bekommst. Vielmehr ist es so, dass sich jetzt ganz neue Möglichkeiten auftun, die dazu führen können, eine viel harmonischere zwischenmenschliche Beziehung aufzubauen als das bisher möglich war. Zwei Menschen gehen deshalb eine Verbindung ein, weil sie aufgrund ihres Karmas eine gemeinsame Aufgabe zu erledigen haben und deshalb auch mit Lernprogrammen und Läuterungsphasen jeglicher Art konfrontiert werden, die von ihren irdischen Wünschen und Sehnsüchten oftmals sehr weit entfernt sind. Deshalb ist eine Scheidung nicht immer die ideale Lösung, um eine mit Problemen belastete Partnerschaft zu beenden, weil es sich dabei stets um eine schicksalsbedingte, gemeinsame Wegstrecke handelt, die zuerst einer energetischen Bereinigung bedarf, bevor weitere Schritte sinnvoll sind. Dieses Ritual einer „energetischen Trennung" auf spiritueller Ebene ist deshalb eine unschätzbare Hilfe und eine wertvolle Unterstützung, weil sich damit festgefahrene, schmerzhaft empfundene Situationen auf kurzem Weg klären, bereinigen und heilen lassen, die ansonsten möglicherweise mehrere Inkarnationen in Anspruch genommen hätten, um eine Erlösung zu finden.

Im Bewusstsein der göttlichen Gnade und mit Hilfe der „violetten Flamme" wird mit diesem Ritual ein solches Geschehen ganz erheblich verkürzt und auf vollkommene Art gelöst, zum höchsten Wohl von Körper, Geist und Seele und im Zeichen des schnelleren Weiterkommens einer Seele auf ihrem Weg zum Licht.

Ritual zur Bannung magischer Flüche

Ich widerrufe hiermit alles und jedes, was mich vom Licht und meiner mir angestammten, göttlich besiegelten Freiheit trennt.

Ich widersage jedem, der mir in meinen vorhergehenden Inkarnationen eine magische Verwünschung, einen Fluch oder eine Manipulation ausgesprochen hat, die in meinem Energiefeld verankert geblieben sind und jetzt erlöst werden möchten.

Ich distanziere mich von magischen Riten, Zeremonien und Gebräuchen, die mir meine persönliche Freiheit beschnitten und meine Entwicklung behindert haben.

Ich widerspreche magischen Zeichen, Formeln und Gesten, die meinen freien Willen manipuliert und meine Grenzen überschritten haben.

Ich entbinde alle und jeden von Verpflichtungen, Versprechungen und Verlockungen, die mir mein Bewusstsein getrübt und mein Gewissen belastet haben.

Ich erkenne in mir die göttliche Gnade der Befreiung und den Segen der Erlösung von alten Bindungen, Einweihungen, Schwüren und Gelübden, die ich einmal aus Unwissenheit, Habgier, Machtstreben oder unter Zwang, Folter und Knechtschaft gegeben habe.

All das ist jetzt in mein Bewusstsein getreten und damit reif geworden, erlöst zu werden. Aus diesem Grund trete ich jetzt vor die göttliche Liebe und stelle mich unter das Licht der Vergebung, das in der „violetten Flamme" auf vollkommene Art und Weise am Wirken ist.

Ich bitte um Erlösung,
ich bitte um Befreiung,
ich bitte um Freiheit

(3 mal sprechen)

für alle meine Körper und für das Bewusstsein meiner Seele, die ihr Dasein damit dem Licht und der Gnade anvertrauen möchte. Es ist mein freier Wille, der mich zu diesem Ritual veranlasst und der mir die Schöpferkraft bereithält, dieses Anliegen auf vollkommene Art und Weise begleichen, transformieren und loslassen zu können – JETZT.

Ich sehe nun, wie sich all das auflöst, weggespült wird und sich verflüchtigt, was in meinen ätherischen Körpern festgesetzt und verankert war und was mir meine Lichtkapazität geschmälert und eingeschränkt hat. All das fließt jetzt aus mir heraus, wird weggespült mit der Reinigungskraft des „violetten Strahls" und fließt in das Meer des Vergessens – keinem zum Schaden – da alles einer vollkommenen Transformation mit Hilfe der Lichtkraft unterzogen wird. Und ich nehme wahr, wie sich die nun freigewordenen Strukturen in meinem feinstofflichen Feld mit neuem

Leben erfüllt haben, mit Leben, das aus dem Urlicht der Schöpfung zu mir fließt und mich erleuchtet, vergeistigt und auf vollkommene Art und Weise heilsein lässt. Die Energie in meinen Lichtkörpern ist jetzt auf mein höchstes Wohl abgestimmt und damit zu meinem Heil um mich, durch mich und in mir manifestiert. Ein feiner Sprühregen aus rosafarbenem Licht vollzieht jetzt diesen Vorgang und erhebt mein Bewusstsein auf die Stufe des Erkennens – des Erkennens, welch unermesslicher Segen und welche Gnade mir aus diesem Ritual der Befreiung von magischen Beschränkungen zugeflossen ist. Dafür bin ich dankbar – dankbar – dankbar! Und ich erhebe mein Herz empor zum VATER in dem Bewusstsein, dass SEINE Liebe zu mir meine vollkommene Befreiung, Erlösung und Heilung ermöglicht hat.

> ICH BIN ein Teil des Lichtes aus dem Herzen des VATERS und damit bin ich uneingeschränkt frei und unermesslich kraftvoll.
>
> So ist es – Dank sei DIR, liebevoller, gütiger VATER.

Dieses Ritual widme ich all jenen, die in sich die Sehnsucht verspüren, in ihre Freiheit zurückkehren zu wollen und Beschränkungen so wie alte Fesseln abzulegen, im Wissen um die Macht des Wortes und um die Kraft des Vorstellungsvermögens, die bei diesem Ritual eine ganz große Bedeutung haben.

> ICH BIN Michael, der Fürst des Lichtes
> im Kampf gegen die Finsternis.

Invokation für die Aufhebung alter Gelübde

Dieses Ritual ist uns von Erzengel Uriel übergeben worden mit den Worten.

„Es ist mir eine Freude, diese Hilfe in euer Bewusstsein zu legen, damit ihr sie einsetzen möget, um damit Erlösung von karmischen Verknüpfungen erlangen zu können. Ich energetisiere diese Worte mit meiner Kraft und dem Licht des Lebens. Denen, die bereit sind zu glauben, geschehe nach ihrem Glauben. URIEL ist bei euch und segnet euch."

> Ich widerrufe hiermit alles und jedes, was mir Fesseln angelegt hat, die ich aus Unwissenheit, Hochmut, Stolz, Neid oder Habgier auf mich genommen habe.
>
> Ich widerrufe hiermit alle Gelübde, Schwüre und Versprechungen, die ich leichtfertig, unbedacht, böswillig, sowie unter Zwang, Druck oder Folter gegeben habe und die mir meine Freiheit gekostet haben.
>
> Ich widerrufe hiermit alle Flüche, Verwünschungen oder magischen Sprüchen, die den freien Willen eines Menschen beeinträchtigt und seinen Anspruch auf Freiheit beschnitten haben und die damit auch mir zum Verhängnis geworden sind.

All das, was dem Vorwärtskommen meiner Seele auf ihrem Weg zum Licht geschadet hat, widerrufe ich jetzt im vollen Bewusstsein meiner Gottgegenwart. ICH BIN das ICH BIN.

ICH BIN dazu bereit, diese negativen Kräfte auszumerzen, um meine mir angestammte Freiheit wiederzuerlangen.

Ich erkenne die göttliche Gnade, die mir mit Liebe, Güte und Barmherzigkeit meine heißersehnte Freiheit wiedergibt. JETZT.

ICH BIN erfüllt mit übergroßer Freude und Dankbarkeit für das neue Erwachen, das ich jetzt im Zeichen des Gnadenrechtes durch die Liebe und Güte Gottes, meines Schöpfers, erleben darf.

So ist es – Dank sei Gott – AMEN

(Jeder Satz wird 3 mal laut gesprochen.)

Die Aktivierung der Lichtlinie zwischen Himmel und Erde

Die Aktivierung der Lichtlinie zwischen Himmel und Erde hilft dir dabei, mit deiner Lebensaufgabe in vollkommenen Einklang treten zu können, um in Übereinstimmung mit deinem göttlichen Plan tätig zu sein.

Du liegst ganz bequem, auf einer weichen Unterlage und verbindest dich mit deinem Atem, um in einen tiefen Entspannungszustand zu kommen. Jetzt bist du dazu bereit, eine Aktivierung deiner Lichtlinie vorzunehmen, jener Linie, die dein göttliches Selbst mit dem Mittelpunkt der Erde verbindet und die dich mit deinem Lebenssinn in Einklang bringt.

Stelle dich nun visuell in das Innere einer leuchtend goldenen Kugel aus Licht und atme dabei tief ein und aus. Du atmest das leuchtend goldene Licht in jede Zelle deines Körpers und in die feinstofflichen Hüllen, die dich umgeben und beobachtest dabei, wie du immer lichter, strahlender und kraftvoller wirst. Mit jedem Atemzug mehr und mehr.

Beim Ausatmen fließt all das aus dir heraus, was für dich belastend oder hemmend ist und was damit deinem höchsten Wohl widerspricht. Und du atmest tief und fest ein und aus beseelt von dem Gedanken: ICH BIN erfüllt mit dem goldenen Licht der unendlichen Fülle, die mir aus dem Universum zuströmt und mich einhüllt und veredelt. Nun vergewissere dich noch einmal, dass deine Wirbelsäule ganz gerade ist. Fühle dabei die Senkrechte, die durch deinen Körper verläuft und die dich mit dem Himmel und der Erde verbunden hält – mit deinem Seelenstern hoch über dir im Ätherreich und mit deinem Erdstern tief unten im Mittelpunkt der Mutter Erde.

Dazwischen stehst du als leuchtende Lichtsäule im irdischen Raum. Richte jetzt deine Aufmerksamkeit auf einen Lichtwirbel etwa eine Handbreit über deinem Nabel im Inneren deines Körpers. Hier befindet sich dein dritter Stern aus kristallenem Licht – dein Wesensstern.

Dieses Licht singt das Lied deiner Seele. Es schwingt in ihrem einzigartigen Ton und lässt deine universelle Lebenssymphonie erklingen. Lausche jetzt in dein Inneres hinein mit dem Wunsch, diesen einen ganz besonderen Ton wahrzunehmen, den einen Ton, der deinen Körper in seiner physischen Form hält.

Versuche ihn ganz bewusst zu hören, denn er ist der Ton deines Heilseins an Körper, Geist und Seele. Darin schwingt die große Sehnsucht deiner Seele, die dich durch dieses irdische Leben begleitet und die dich stets daran erinnert, deinen Seelenplan zu erfüllen – unbeirrt und ohne Einschränkungen. Spüre immer mehr und mehr diese große Sehnsucht, die in dir wohnt. Fühle jetzt eine kraftvolle Lichtlinie, die dich von deinem Wesensstern ausgehend – ähnlich einem Laserstrahl – mit dem Erdmittelpunkt verbindet, mit deinem Erdstern. Je mehr du deine Aufmerksamkeit auf diesen starken Lichtstrahl konzentrierst, umso deutlicher siehst du ihn jetzt vor dir. Blicke nun hoch hinauf über deinen Kopf und nimm dort einen weiteren lichtvollen, strahlenden Wirbel wahr – hier befindet sich dein Seelenstern. Er stellt deine Verbindung mit der göttlichen Einheit dar, mit dem Licht und der Liebe des Schöpfers, des einen, wahren Gottes.

Spüre diese deine Lichtlinie, die du dir wie ein starkes Lichtseil vorstellen kannst und beobachte, wie sie sich zu deinem Seelenstern hoch über dir auszudehnen beginnt. Beobachte, wie sich das Licht mit deinem Seelenstern verbindet, um dann schließlich mit dem Ätherreich ganz zu verschmelzen.

Spüre die lichtvolle Kraft, die dich jetzt durchströmt und die immer mehr und mehr in dir zunimmt. Alles in dir ist dabei so friedlich, ruhig und harmonisch und du integrierst diese wunderbaren Empfindungen in dein Zellbewusstsein, um sie dort aufzubewahren als lichtvolle Energiereserve zu deinem höchsten Wohl.

Kraft deines guten Vorstellungsvermögens siehst du dieses verbindende Lichtseil jetzt ganz deutlich noch einmal vor dir – gerade, leuchtend und stark. Deine Lichtverbindung mit dem Himmel und der Erde ist nun völlig ausgerichtet – du spürst sie sehr intensiv und du nimmst auch deine drei leuchtenden Sterne wahr, die darauf liegen – deinen Seelenstern, hoch über dir im Ätherreich, deinen Wesensstern, eine Handbreit über deinem Nabel in deinem Körperinnern – und deinem Erdstern, eingebettet im rotglühenden Schmelzkern der Mutter Erde. Und in diesem Moment erkennst du ganz deutlich, wie wohlbehalten und geschützt du im großen Ganzen des Universums eingebettet bist – als ein Teil davon, getragen und genährt von universellen Kräften, die dir die Grundlage dafür bieten, mit deiner Lebensaufgabe zurechtzukommen und dein Ziel zu erreichen, um die große Sehnsucht deiner Seele endlich stillen zu können.

Die Visualisierung von Farben

Farben üben einen großen Einfluß auf die Psyche eines Menschen aus und können damit Wirkungen hervorrufen, die Geist und Seele gleichermaßen beeinflussen und die damit auch auf körperlicher Ebene heilsam sind. Mit Hilfe der Farbvisualisierung können wir ganz gezielt Farben in unseren Körper einfließen lassen. Farbenergien sind natürliche Kraftquellen, die wir mit Hilfe unserer Vorstellungskraft auf unseren Organismus übertragen können. Die Visualisierung von Farben ist eine geistige Technik, die für uns eine große Hilfe sein kann, weil dadurch in unserem Inneren ein Kraftpotential freigesetzt wird, das in der Lage ist, eine Harmonisierung im Körper in Gang zu setzen und damit für Lebensfreude und Wohlbefinden zu sorgen.

So helfen die Regenbogenfarben:

ROT

wirkt aktivierend, Blutdruck steigernd, wärmend, stimuliert Leistungsfähigkeit, Mut und Durchsetzungsvermögen.

ORANGE

vermittelt Heiterkeit und Lebensfreude, hilft bei ständiger Müdigkeit, Lustlosigkeit und Depression, fördert die Kommunikation.

GELB

hat einen aufheiternden Effekt und stimmt fröhlich und beschwingt, hilft bei mangelnder Konzentrationsfähigkeit und Lernschwäche.

GRÜN

wirkt günstig bei Nervenüberreizung, seelischen Erschütterungen und Stress, stärkt die Selbstsicherheit und das Erinnerungsvermögen.

BLAU

vermittelt Ruhe und Frieden, wirkt Blutdruck senkend, kühlend und schmerzlindernd, löst Verspannungen.

INDIGO

verhilft zu gesteigerter Intuition und verstärkt die außersinnliche Wahrnehmungsfähigkeit, wirkt besänftigend und hilft bei Schlafstörungen.

VIOLETT

fördert Idealismus und Mitmenschlichkeit, beruhigt bei Gereiztheit und starken Gefühlsschwankungen, aktiviert das künstlerische Gestaltungsvermögen und den Ideenreichtum.

WEISS

symbolisiert Verlässlichkeit, Aufrichtigkeit sowie Wahrheitsliebe und gilt als Zeichen der Klarheit, Erleuchtung und Erlösung.

SCHWARZ

entspricht dem Wunsch nach innerer Bewusstwerdung und signalisiert die Bereitschaft zum Lernen, zur Strebsamkeit sowie den Wunsch, in die Stille zu gehen, um spirituell zu wachsen.

Viel Freude und neue Erkenntnisse bei deinem Spaziergang durch die bunte Welt der Farben!

Das Rot des Feuers

Stell dir vor du sitzt jetzt, nach einem langen, anstrengenden Tag ganz bequem auf einem weichen Sofa. Deine Aufmerksamkeit ist auf den Kamin vor dir gerichtet, in dem ein loderndes Feuer brennt.

Das Licht im Raum ist gedämpft und die Flammen flackern und tanzen in verschiedenartigen Rottönen.

Du fühlst die wohltuende Wärme und nimmst das Knacken des brennenden Holzes wahr. Wohlbefinden und Entspannung machen sich in dir breit und du genießt diese angenehme Atmosphäre.

Die Flammen faszinieren dich mit ihrem feurigen Tanz und den bizarren Schattenspielen, die sie auf die Wand des Kamins werfen. Du staunst über das Farbspektrum, das sich im Feuer widerspiegelt – vom tiefen Kardinalrot über Scharlachrot bis hin zum grell orangen Zinnoberrot – alles ist darin vertreten.

Diese Farbintensität lässt dein Herz höher schlagen und du fängst an, tief und fest zu atmen, um die ganze Kraft des Feuers bewusst in dich aufzunehmen und in dir zu speichern.

Dabei beginnst du dich immer frischer und wacher zu fühlen und neuer Schwung und Lebensfreude machen sich in dir bemerkbar. Du nimmst deinen Pulsschlag wahr und spürst so etwas wie eine freudige Erregung – ausgelöst durch die überwältigende Energie des Feuers und durch das Licht, das bis zum Innersten deines Wesens vordringt und dir ein gewaltiges Potential an Wärme, Geborgenheit, Zufriedenheit und Selbstwertgefühl vermittelt.

Das Feuer hat dein Herz entfacht und deinen Tatendrang erneut geweckt. Du bist mit Lebensmut und Vitalität erfüllt und von dem festen Willen beseelt, dein Dasein neu zu ordnen und es so zu leben und zu genießen, wie es deinen Wünschen, Talenten und Vorstellungen entspricht.

Der orangefarbene Sonnenuntergang

In deiner Vorstellung sitzt du auf einer Terrasse hoch über dem Meer und genießt den wunderbaren Ausblick, den du von hier oben hast.

Es ist ein lauer Sommerabend und du lässt den Tag bei einem erfrischenden Getränk ausklingen und genießt die kühle Brise, die von der See her zu dir heraufweht. Die Sonne bewegt sich immer mehr dem Horizont zu. Wie eine riesige, orangefarbene Lichtscheibe senkt sie sich ganz langsam vom Himmel herab, um dann nach geraumer Zeit im Meer zu versinken. Sanft streichelt sie mit ihren Strahlen über die

Wellen und bringt das Wasser damit zum Glühen und zum Leuchten. Der Himmel ist von orange-goldenen Farbreflexen durchzogen, die einen wunderschönen Kontrast zu ihrer Komplementärfarbe, dem sanften Blau im Hintergrund, bilden.

Deine Augen leuchten auf im Glanz der Sonnenstrahlen, die mit ihrer orangen Farbenpracht dein Gemüt bewegen und Freude sowie Heiterkeit und Frohsinn in dir aufkommen lassen. Plötzlich hast du das Gefühl, du könntest die Welt umarmen und ihr dein strahlendstes Lächeln schenken.

Jetzt ist die orange-goldene Sonnenscheibe bereits zur Hälfte im Meer versunken und es scheint dir, als wollte sie mit ihrem Feuer das Meer in Brand setzen.

Es herrscht völlige Stille um dich herum und mit großem Staunen beobachtest du dieses abendliche Feuerwerk, das dich völlig in seinen Bann gezogen hat.

Nun verschmilzt das letzte Schimmern dieses gigantischen Feuerballs mit den Wellen des Meeres, bis er schließlich ganz am Horizont versinkt.

In dir lebt dieses Naturschauspiel noch geraume Zeit weiter und zaubert ein strahlendes Lächeln der Freude und Heiterkeit auf dein Gesicht.

Das gelbe Sonnenblumenfeld

Vor dir liegt ein Feld vollerblühter Sonnenblumen mit großen, runden Köpfen, die von goldgelben Blütenblättern umrahmt sind. Ihre hohen, dicken Stengeln sind mit rauen, behaarten Blättern in einem satten Grün bewachsen.

Du betrachtest eine dieser prächtigen Blütenköpfe genauer. Die langen, spitzen Blütenblätter in ihrem leuchtenden Gelb fühlen sich ganz weich an – wie Samt. Ihr honigfarbenes Inneres ist in einem vollkommen harmonisch geordnetem Muster strukturiert und du entdeckst dort kleine Öffnungen, die mit Kernen gefüllt sind.

Sie sind mit feinen Härchen bedeckt, in denen goldiger Blütenstaub hängt, der viele Bienen anlockt. Die Sonne strahlt vom wolkenlosen Himmel und du hast das Gefühl, als ob alle Sonnenblumen mit ihr um die Wette strahlen würden. Dabei hellt sich auch dein Gemüt auf und du beginnst zu lächeln, weil du die positive, optimistische, fröhliche Schwingung spürst, die aus dieser goldgelben Farbenpracht auf dich abfärbt.

Du genießt diesen Augenblick der stillen Heiterkeit, der Losgelöstheit vom Alltagsstress und der grenzenlosen Freiheit, die von dir Besitz ergriffen hat, ganz bewusst. Gemeinsam mit den Sonnenblumen, die ihre Köpfe stets der Sonne zuwenden, bist du jetzt in sonnendurchflutetes, goldenes Licht gehüllt. Das inspiriert dich sehr stark und ganz unwillkürlich fängst du an, über deine gegenwärtigen Lebensumstände nachzudenken und die darin enthaltenen Möglichkeiten genauer auszuloten. Dabei kommen dir plötzlich ganz neue Ideen, Eingebungen und Geistesblitze, die dir zeigen, wie du aus deinem Potential noch mehr herausholen könntest, um deine Erfolge und deine Lebensqualität zu steigern und um damit Fülle und Wohlstand in dein Dasein zu bringen.

Die grüne Wiese

Vor dir breitet sich eine herrliche grüne Wiese aus, die mit unzähligen bunten Blumen übersät ist. Der Anblick bezaubert dich und du verspürst Lust, einen kleinen Spaziergang zu machen.

Die Luft ist mild und der Wind streicht sanft über die weiten Hügel vor dir. Du genießt die wunderbare Ruhe und den Frieden und lässt das saftige, satte Grün ganz bewusst auf dich wirken.

Deine Augen saugen sich förmlich daran fest und du spürst, wie deine Sehkraft allmählich immer klarer wird. Die Vögel zwitschern ihr Lied und die Bienen summen eifrig von Blüte zu Blüte. Schmetterlinge schaukeln mit Leichtigkeit durch die Luft und ihre kunstvoll bemalten, bunten Flügel leuchten im Sonnenlicht.

Du erreichst jetzt eine kleine Anhöhe und beschließt, dich ein wenig ins Gras zu legen, um auszuruhen. Der Duft des frischen Grüns steigt dir betörend in die Nase und du spürst die angenehme Wärme der Erde unter dir. Ein tiefes Gefühl von Wohlbehagen macht sich in dir bemerkbar und du genießt das Gefühl der Freiheit und der Leichtigkeit des Augenblicks. Zuversicht und Zufriedenheit durchströmen dein Herz und du fühlst dich regeneriert und gestärkt.

Eingebettet in den Armen der Natur bist du jetzt auch dazu bereit, auf die Wünsche und Sehnsüchte deines Herzens zu hören, die sich durch vielerlei Gefühle bemerkbar machen und die schon lange darauf warten, deine Beachtung zu finden.

Gleichgültig welche Herausforderungen das Leben dir auch stellen mag, in diesem Augenblick spürst du ganz klar, dass du sie meistern wirst und das macht dich sehr stark, selbstbewusst und unsagbar dankbar.

Gestärkt trittst du nun deinen Rückweg an und nimmst die klare Luft noch einmal in tiefen Atemzügen in dich auf.

Der blaue Ozean

Es ist ein früher Morgen in den Tropen. Du sitzt in einem Fischerboot und lässt dich hinaus aufs Meer bringen. Der Himmel ist von einem blassen Blau überzogen und bildet einen sanften Kontrast zum tiefblauen Ozean, auf dem sich die Wellen sanft kräuseln.

Alles um dich herum ist so ruhig und friedvoll, selbst das monotone Tuckern des Motors auf dem Boot wirkt auf dich beruhigend, fast ein wenig einschläfernd. Dort, wo der Himmel und das Meer sich treffen, nimmst du eine klar abgegrenzte dunkelblaue Linie war.

Während das Fischerboot sanft durch die Morgenbrise gleitet, entdeckst du am Himmel die silberne Scheibe des Mondes, der sich in seiner vollen Größe zeigt und nun zu Beginn des neuen Tages langsam immer blasser wird.

Zu deiner rechten Seite verfärbt sich der Horizont bereits von den Lichtstrahlen der aufgehenden Sonne, die sich auf den glitzernden Wellen widerspiegelt und das orange Licht der Freude in deine Augen zaubert.

Fasziniert beobachtest du diese einmalige Stimmung und in dir rührt sich so etwas wie eine stille Andacht, als du plötzlich in ganz geringer Entfernung einen Schwarm von Delphinen bemerkst. Voll Erregung über dieses ungewöhnliche Schauspiel beobachtest du sie bei ihrem munteren Treiben und bist ganz begeistert, als einer von ihnen hochspringt und sich dir in seiner vollen Größe zeigt.

Ein zweiter und ein dritter Delphin folgen diesem Beispiel und du hast das Bedürfnis, dich über das Fischerboot hinauszubeugen und deine Hand in das fast tintenblaue Wasser zu strecken.

Ein unglaublich starkes Gefühl von Entspannung stellt sich bei dir ein und weitet sich aus in tiefgreifende Empfindungen, die mit vollkommenem Heil-Sein, mit Heilung an Körper, Geist und Seele in Verbindung stehen. Die Sonne steht mittlerweile schon höher und schickt dir ihre glühenden Strahlen herab. Der Tag in den Tropen hat begonnen und du lässt dich an den Strand zurückbringen, beseelt von dem großartigen Gefühl, auf das Engste mit dem Universum verbunden zu sein und mit der blauen heilenden Energie des Himmels und der Erde, des Wassers und der Luft.

Der indigoblaue Nachthimmel

Es ist kurz vor Mitternacht. Du liegst im Bett und hängst deinen Gedanken nach, weshalb du bisher immer noch keinen Schlaf finden konntest. Der Mond schaut bei deinem Fenster herein und verströmt sein silbernes Licht in den klaren indigoblauen Nachthimmel, der mit einer Vielzahl von Sternen übersät ist.

„Indigoblau – was für eine faszinierende, geheimnisvolle, mystische Farbe," denkst du. Und je länger du in das dunkelblaue Firmament blickst, desto mehr verändern sich die Schwingungen in dir und bald empfindest du eine sehr wohltuende Schwerelosigkeit. Dein drittes Auge beginnt sich langsam zu öffnen und ohne dass du darüber nachdenken kannst, was mit dir eigentlich geschieht, befindest du dich jetzt in einer Energiespirale, die dich hinauf in höhere Bewusstseinsebenen trägt.

Alles um dich herum ist in dunkelblaues Licht gehüllt und deine außersinnliche Wahrnehmungsfähigkeit wird immer klarer und bewusster. Engel und Lichtwesen, die dich bereits erwartet haben, kommen auf dich zu und begrüßen dich liebevoll. Du genießt diese Begegnung und fühlst dich unendlich geliebt und geborgen.

Du spürst und weißt, dass du jetzt in der Heimat deiner Seele angekommen bist, an dem Ort, nach welchem du dich immer wieder so sehr sehnst und wo du oft auch nachts bist, während du schläfst. Du öffnest dich voller Vertrauen der höheren Führung und der universellen Weisheit, die jetzt aus einer unerschöpflichen Quelle auf dich zufließen.

Deine inneren Zweifel und unterdrückten Ängste, die dich auf deinem Lebensweg so oft blockieren, beginnen sich allmählich aufzulösen und ein unerschütterliches Vertrauen in die Allmacht der göttlichen Liebe erfüllt dein Herz. Die Tore deiner außersinnlichen Wahrnehmungsfähigkeit beginnen sich zu öffnen und deine Vorstellungskraft wird immer klarer. Und dann vernimmst du die Worte deines geistigen Führers, der auch dein spiritueller Lehrer ist und er spricht:

„Der indigoblaue Farbstrahl ist der Schlüssel zur Öffnung deines dritten Auges sowie zur Stärkung deiner Intuition und deiner Fähigkeit zur Visualisierung. Es ist nämlich dein Vorstellungsvermögen, das dich mit einem Phantasiereichtum und mit klaren Zukunftsvisionen versorgt und das dir damit einen enormen Ansporn verleiht, dein Lebensziel möglichst hoch oben anzusetzen, um deine mitgebrachten Talente und Fähigkeiten voll ausleben zu können. Du wirst dabei jedoch auch ganz deutlich fühlen, dass all das, was man mit Gewalt zu erzwingen versucht, stets mit Kummer und Leid behaftet ist, weil dabei die Intuition, das Hören auf die göttliche Führung, außer Acht gelassen wurde und deshalb kein Segen darauf ruht. Krankheiten und Schwierigkeiten im Alltagsablauf sind vielfach die Folgen davon. Der indigoblaue Heilstrahl bietet dir eine stark schmerzlindernde, beruhigende, die Intuition fördernde Kraft an, die dich mit der Weisheit und Einsicht verbindet, den göttlichen Willen vertrauensvoll durch dich wirken zu lassen, um sicher und geschützt durch dein Leben zu gehen. Er erfüllt dich mit der Sehnsucht nach deiner Wahrheit und nach Klarheit – vor allem im Hinblick auf spirituelle Fragen. Dieses kraftvolle dunkelblaue Farblicht unterstützt dich auch sehr wirkungsvoll dabei, mit deinen eigenen Kräften in engeren Kontakt zu kommen, eventuellen Selbstbetrug zu erkennen und neue Schritte zu wagen. Und was du jetzt offensichtlich ganz besonders brauchst – auch bei nervlicher Übererregung, bei geistiger Unruhe und bei Schlaflosigkeit ist die mitternachtsblaue Farbkraft eine große Hilfe. Indigo gilt als die Farbe des Heil-Seins von Körper, Geist und Seele und verhilft dir zur spirituellen Verinnerlichung und zur außersinnlichen Wahrnehmung verborgener Mysterien."

Harmonie, Frieden und Zuversicht erfüllen dich und große Dankbarkeit für all das, was du hier in diesen Gefilden erfahren konntest. Dein geistiger Führer umarmt dich zum Abschied liebevoll und berührt dein drittes Auge, worauf sich die Schwingungen in dir zu verändern beginnen. Die Energiespirale erfasst dich nun wieder und bringt dich von den geistigen Ebenen zurück in die irdische Atmosphäre. Sei dir jedoch bewusst, dass du immer wieder dorthin zurückkehren kannst, wo du dich jetzt so liebevoll aufgenommen und wohl gefühlt hast, wenn es dein Wunsch ist. Die indigoblaue Energiespirale steht dir jederzeit zur Verfügung.

Lenke nun deine Aufmerksamkeit auf das Hier und Jetzt, konzentriere dich auf deine Atmung und komme zurück in dein Tagesbewusstsein.

Das violette Veilchen

An einem schönen Frühlingsnachmittag zieht es dich hinaus in die Natur. Du gehst einen kleinen Weg entlang, der links und rechts vom ersten Grün des Frühlings eingerahmt ist. Es weht ein sanftes Lüftchen, das dir den typischen Geruch des Frühlings in die Nase treibt. Die Bäume sind über und über mit Knospen besät. Ihre Äste hängen schwer herunter und träumen der Blütenpracht entgegen, die nun bald hervorbrechen wird. Jetzt fällt dein Blick auf eine kleine mit Moos und Gras bewachsene Steinmauer und voll Entzücken siehst du, dass sie über und über mit wundervoll duftenden Veilchen bewachsen ist.

In ihrem leuchtenden Violett stehen die kleinen Blümchen ganz bescheiden da und nicken sanft mit ihren Köpfchen, so als wollten sie dich begrüßen. Ihr süßer, durchdringender Duft betört dich und du bist nicht in der Lage, dich diesem Zauber zu entziehen.

Du pflückst einen dieser kleinen Frühlingsboten und betrachtest das violette Blümchen mit seinem herzförmigen, grünen Blatt genauer. Ganz besonders fasziniert bist du von diesem kräftigen Violett der Blütenblätter, das dich an einen Amethyst erinnert und du nimmst das kleine Veilchen – fast unbewusst – an deine Stirn, so als wolltest du über dein 3. Auge, dem Tor zu deiner außersinnlichen Wahrnehmungsfähigkeit, mehr über sein Dasein erfahren.

In diesen Momenten der Besinnung wird dir vieles klar und du denkst über die Werte des Lebens nach, über Toleranz und Idealismus, über Demut und Selbstlosigkeit. Dabei steigt auch ein leiser Wunsch zur Selbsterneuerung und zur Veränderung einiger Dinge in deinem Leben in dir auf, die du schon lange als störend empfindest.

Das kleine, violette Veilchen mit seinem herzförmigen Blatt hat dich inspiriert und dir ein Fenster zu deinem eigenen Wesen geöffnet. Liebe, Sanftmut und Freundlichkeit erfüllen dein Gemüt – und eine tiefe Nachdenklichkeit, die sich mit dem süßen Duft des violetten Veilchens vermischt und dir neue Perspektiven eröffnet.

Die Spuren im Schneee

Es ist Winterzeit und du beschließt, den grauen, trüben Tagen in der Stadt ein wenig zu entfliehen und ein Wochenende in den Bergen zu verbringen, um die Unberührtheit der Natur genießen zu können und in der Stille über dich und dein Leben nachzudenken. Voll Freude machst du dich auf den Weg und gelangst schließlich zu einer kleinen, idyllischen Berghütte, die von schneebedeckten Tannen umgeben ist und die dich bereits zu erwarten scheint.

Alles ist hier sehr behaglich und gemütlich. Das Feuer knistert im Kachelofen und es duftet herrlich nach frischem Holz und nach Bratäpfeln, die du so sehr liebst, weil sie dich an glückliche, unbeschwerte Kindertage erinnern. Am nächsten Morgen bemerkst du, dass über Nacht Neuschnee gefallen ist. Fasziniert schaust du durch die mit Eisblumen verzierten Fenster hinaus in die unberührte, weiße Winterlandschaft vor dir. Eine andächtige Stille liegt darüber und es erscheint dir so, als hätte sich der Schnee wie eine glitzernde, dicke Daunendecke über die schlafende Natur gelegt, um sie schützend zuzudecken. Du ziehst dich warm an und gehst dann hinaus in den Winterwald, um einen kleinen Spaziergang zu unternehmen.

Der Himmel ist von einem klaren Aquamarinblau überzogen und die Sonnenstrahlen zaubern bunte

Reflexe in die Schneekristalle, die in allen Farben des Regenbogens zu glitzern und zu leuchten beginnen. Fasziniert betrachtest du die weiße Pracht der unberührten, klaren Winterlandschaft, in der nur deine Fußstapfen wahrzunehmen sind. Ein paar Vögel teilen die Einsamkeit mit dir. Voll Bewunderung entdeckst du in einem Baum glitzernde Eiszapfen, die den Anschein erwecken, als wären sie aus puren Kristallen.

Vor dir tut sich jetzt eine Lichtung auf und du hast von hier aus eine herrliche Fernsicht hinunter ins Tal, bis zur gegenüberliegenden Bergkette, die dir ein wundervolles Panorama bietet. Und in dir ist plötzlich alles so klar und überschaubar – unliebsame Situationen deines Lebens und überholte Gedankenstrukturen verblassen langsam und lösen sich schließlich ganz auf – Empfindungen von Befreiung, Erleuchtung, Erlösung machen sich in dir breit und zeigen dir die beste Lösung für einen Neubeginn. Was dir bisher in deinem Leben wie in Nebel gehüllt erschien und dich daran gehindert hat, deinen Weg unbeirrt weiterzugehen, löst sich jetzt in der frischen, klaren Luft und in dem überwältigenden Weiß der Winterlandschaft völlig auf. Du drehst dich um und dein Blick fällt zurück zu deinen Spuren im Schnee und dabei bemerkst du, dass diese ganz deutlich sichtbar mit einem sanften Blau gefüllt sind, mit dem Blau des Himmels, der sich in deinen Fußspuren widerspiegelt.

„Das ist ein deutliches Zeichen" – kommt es dir plötzlich in den Sinn, denn es erscheint dir wie ein Symbol,

das dich tief bewegt und das dir zu sagen scheint:
„Wenn sich ein Mensch bemüht, sein Leben zu überdenken und zu klären, dann ist ihm der Himmel stets nahe und legt sein schützendes Blau auf seinen Weg."

Im Tempel des Schwarzen Turmalins

Du befindest dich in einem kleinen Edelsteinladen, an dem du ganz zufällig vorbeigekommen bist und der deine Aufmerksamkeit erregt hat. Eine Vielzahl von wunderschönen Kristallen und Edelsteinen finden deine Bewunderung, als dein Blick plötzlich auf einen prachtvollen, majestätisch wirkenden Schwarzen Turmalin fällt. Nie zuvor hast du ein so vollkommenes Exemplar gesehen. Dieser besondere Stein hat es dir angetan und ohne lange zu überlegen kaufst du ihn dir kurzentschlossen. Zuhause angekommen reinigst du ihn liebevoll und weihst ihn im Zeichen des Lichtes und der Liebe, auf dass er dir zu deinem höchsten Wohle dienen möge. Danach gibst du ein paar Tropfen Rosenöl auf deine Handflächen und streichst dann sanft über deinen wunderschönen, seidig glänzenden Edelstein, um ihn mit dieser Geste ganz herzlich bei dir willkommen zu heißen. Du hast das untrügliche Gefühl, dass dich dieser Stein gerufen hat, dass er in deine Obhut kommen, in deiner Nähe sein wollte. Und wie du ihn so in deinen Händen hältst, beginnt dein Tagesbewusstsein ganz langsam zu verblassen und du befindest dich plötzlich in der anderen Realität.

Erstaunt beobachtest du, wie dein Schwarzer Turmalin seine Form zu verändern beginnt und immer größer und größer wird, bis daraus ein prächtiger schwarz glänzender Tempel geworden ist. Am Portal stehen zwei Wächter mit dunkler Hautfarbe. Ihr Haupt ist mit einem Turban bedeckt und in ihren Händen halten sie blitzende Speere, die sie überkreuzt vor den Eingang des Tempels halten. Du trittst näher und bist erstaunt, weil man dich sogleich erkannt hat und dir ohne Zögern Einlass in das Heiligtum gewährt.

Du bist hierher gekommen, um den legendären Hüter des Schwarzen Turmalins zu besuchen. Ein schwarzgekleideter Diener geleitet dich im Schein einer Laterne einen langen, dämmrigen Gang entlang. Diese Dunkelheit um dich herum wirkt etwas bedrückend auf dich. Doch dann öffnet sich am Ende des Ganges eine Tür und der Hüter des Schwarzen Turmalins steht in voller Größe vor dir.

Er ist wundervoll anzusehen in seinen schimmernden, orientalischen Gewändern und seinem reich verzierten Turban, von dem ein geschliffener Turmalin von seltener Schönheit bis zu seiner Stirn reicht.

„Willkommen in meinem Reich“, begrüßt er dich mit wohltönender Stimme. „Mache dich vertraut mit der Dunkelheit, die ebenso ihre Berechtigung hat wie das

Licht. Erinnere dich daran, wie du dich in der Dunkelheit des Mutterleibes wohl und geborgen gefühlt hast und ungestört heranwachsen konntest, bis die Zeit gekommen war, das Licht der Welt zu erblicken. In der Natur wird das Samenkorn in den dunklen Schoß der Mutter Erde gelegt, bis es dann nach geraumer Zeit zur Pflanze, zum Baum, zur Frucht wird.

Bedenke auch, dass die schönsten Edelsteine ihre Farbenpracht in tiefer unterirdischer Dunkelheit entwickeln, um dann an das Licht zu kommen, zu leuchten und Entzücken hervorzurufen. Wisse, dass auch du im Schutze der Dunkelheit enorme Kräfte entwickeln kannst, weil du dort die Möglichkeit hast, deinem Schatten zu begegnen und ihn von seinen Ängsten zu erlösen. Mache dich vertraut mit dieser Kraft und nutze sie gut für dein Wachstum und deine Reife. Das Geheimnis des Lebens beruht auf der Dualität. Das Licht bedarf der Dunkelheit, der Tag bedarf der Nacht, da das eine ohne dem anderen keine Bedeutung hätte." Mittlerweile hast du dich mit der Macht der Dunkelheit vertraut gemacht und verstehst die Lektion, die dir der Hüter des Schwarzen Turmalins gegeben hat.

Nun verabschiedest du dich bei ihm, gehst den langen, dunklen Gang entlang und verlässt den Tempel durch das große Tor, an dem die beiden Wächter stehen. Und dann kommst du wieder zurück ins Hier und Jetzt, nimmst einige tiefe Atemzüge, öffnest deine Augen – und bist bereit für neue Erfahrungen in der Welt der Gegensätze.

Loslösung von karmischen Bindungen

In deiner Vorstellung stehst du jetzt an einer Treppe, die in einen wunderschönen Garten führt.

Gemächlich steigst du die 10 Stufen hinab und gelangst an einen ruhigen, friedlichen Ort, der von herrlichen Bäumen und von blühenden Sträuchern umwachsen ist. Du siehst eine Vielzahl von Blumen in allen Farben, die einen betörenden Duft verbreiten.

Du vernimmst munteres Vogelgezwitscher und das Summen der Bienen und schaust voll Bewunderung den bunten Schmetterlingen nach, deren kunstvoll bemalte Flügel im Sonnenlicht leuchten.

Ein sanfter Windhauch bringt die Blätter in den Bäumen zum Rauschen, was sich zusammen mit dem Plätschern eines Springbrunnens, inmitten von blühenden Rosensträuchern, wie eine beruhigende Melodie anhört.

Es ist wirklich ein zauberhafter Ort, an dem du dich hier befindest – erfüllt von Harmonie, Ruhe und Frieden – und du spürst jetzt ganz deutlich die Sehnsucht in deinem Herzen, ein Teil davon zu sein.

Du gehst langsam weiter und entdeckst plötzlich einen kleinen Pavillon, der über und über mit Glyzinien bewachsen ist, deren üppige, violetten Blütendolden in der Sonne leuchten und wundervoll duften. Du fühlst dich davon magisch angezogen und betrittst das

Innere dieser romantischen Gartenlaube. Dort entdeckst du ein bequemes Sofa mit vielen, weichen Kissen. Das wirkt so einladend auf dich, dass du beschließt, dich ein wenig hinzulegen und auszuruhen – und bald versinkst du in einen tiefen, erquickenden Schlaf. Dein irdischer Körper ruht nun ganz friedlich und entspannt und du hast dich geistig darauf eingestellt, ihn für eine kurze Weile zu verlassen und eine Zeitreise zu unternehmen, um neue Erfahrungen und wichtige Erkenntnisse zu gewinnen, die dir auf deinem irdischen Weg nützlich sein können.

Ganz vorsichtig und sanft schlüpfst du aus deiner körperlichen Hülle, in dem Wissen, dass du jederzeit wieder dorthin zurückkehren kannst, wenn du es wünscht. Lasse dich nun zu dem Ort und in die Zeit hinführen, wo du die Informationen erhältst, die für dein spirituelles Wachstum hilfreich sein können und die dich in deiner geistigen Entwicklung fördern.

Deine Zeitreise führt dich zurück – zurück in eines deiner früheren Leben – dorthin, wo die Ursache dafür gesetzt worden ist, dass du heute Probleme und Schwierigkeiten mit einem Menschen in deinem näheren Umfeld hast, die dir immer wieder zu schaffen machen und die du schon lange bereinigen möchtest.

Lasse nun die Person aus deiner Familie oder aus deinem näheren Umfeld vor deinem geistigen Auge erscheinen, mit der du etwas klären und auflösen möchtest.

Konzentriere dich nun darauf, alles um dich herum

ganz genau zu erkennen und wahrzunehmen. In welcher Epoche befindest du dich? Welches Geschlecht – welches Alter – welche Nationalität hast du? Hole dir jede Information, die für dich Bedeutung hat.

In welcher Beziehung stand diese Person einmal zu dir? Was ist damals zwischen euch vorgefallen? Was hat den Konflikt ausgelöst, der noch heute in euer beider Zellbewusstsein verankert ist?

Gehe anschließend mit deiner erhöhten Sinneswahrnehmung durch deinen physischen Körper und frage ihn, wo er diese Erinnerung heute noch festhält.

Visualisiere dann einen klaren, leuchtenden Lichtstrahl und bitte dein höheres Selbst dieses kosmische, weiße Licht an die bewusste Stelle zu richten, die du wahrgenommen hast, bis sie völlig geheilt ist.

Und jetzt bitte dein höheres Selbst, dieses überirdische Licht auf deine DNS zu richten – auf die Doppelhelix – in der dein genetischer Code mit allem, was dich körperlich, geistig und seelisch betrifft, ganz präzise gespeichert ist.

Du konzentrierst dich nun auf deine DNS-Spirale und suchst nach dieser bewussten disharmonischen, energetischen Struktur, die auch hier exakt erkennbar ist. Sie zeigt sich vor deinem geistigen Auge jetzt sehr deutlich. Das strahlend weiße Licht wird von deinem höheren Selbst nun auch auf diese Stelle gerichtet und du nimmst mit großer Erleichterung wahr, wie sich auch hier alles immer mehr und mehr auflöst und klärt, bis es schließlich vollkommen bereinigt ist.

Nun wendest du dich der anderen Person zu und fragst sie auf geistigem Weg, welche Farbe sie brauchen würde, um in deinem jetzigen Leben mit dir ins Reine zu kommen.

Nimm wahr, dass dir jetzt der gewünschte Farbstrahl – direkt aus dem Kosmos kommend – über deinen Atem zufließt. Du atmest die Farbe durch dein Kronen-Chakra ein und lässt sie weiter zu deinem Sonnengeflecht fließen, von wo aus du sie dann an die betreffende Person weitergibst und zwar solange, bis du spürst, dass es ausreichend ist und sie aus deinem Blickfeld langsam verschwindet. Du hast nun alles vollzogen, was nötig war, um dein Bewusstsein zu klären und um damit wohltuende Veränderungen in deinem Leben einzuleiten, was dich mit großer Freude und Genugtuung erfüllt.

Jetzt bist du bereit, wieder in deinen Körper zurückzukehren, der in der Gartenlaube auf dich wartet.

Spüre das Glücksgefühl in deiner Seele aufsteigen, welches ihr der Anblick deines Körpers vermittelt, denn er ist ihre irdische Behausung, in der sie sich entfalten und weiterentwickeln kann.

Gleite nun ganz sacht und behutsam wieder in deinen Körper zurück und spüre, wie gut sich das anfühlt und wie sehr du deinen Körper liebst und schätzt mit all seinen lebenswichtigen Funktionen und einzigartigen Fähigkeiten, die dir das Leben hier auf Erden ermöglichen. Erhebe dich nun langsam von deiner weichen Ruhestelle und gehe hinaus in den wunderschönen Garten. Genieße noch einmal ganz bewusst diese friedliche Idylle der Natur und nimm wahr, dass du jetzt ein Teil davon geworden bist – ein Teil der Ruhe, des Friedens und der Harmonie, zu der du zurückgefunden hast durch dein Bemühen, göttliche Ordnung in dir und um dich herum zu manifestieren.

Du spazierst entspannt und glücklich zur Treppe zurück, steigst langsam die 10 Stufen empor und lässt dabei all die Erfahrungen, die du hier gemacht hast, noch einmal in dir nachklingen – Erfahrungen, die dich weiser, bewusster, geläuterter und sehr viel klarer und lichterfüllter gemacht haben und die dich damit ein großes Stück weiterbringen konnten auf deinem Weg zum Licht.

Die schöpferische Kraft der Affirmationen und ihr richtiger Gebrauch

Affirmationen und positive Bejahungen sind einfache Glaubenssätze, mit deren Hilfe sich der bewusste Denkvorgang gezielt steuern lässt und die dazu dienen, destruktive Gedankenmuster zu transformieren. Affirmationen beeinflussen alle unsere Gedanken, die uns so durch den Kopf gehen – auf ganz bestimmte Art und Weise.

Worte und Sätze, die oftmals wiederholt werden, suggerieren unserem Geist, was er denken soll und unser Unterbewusstsein übernimmt diese Glaubensmuster vorbehaltlos. Diese einfache Technik kann ungemein wirkungsvoll sein, wenn es darum geht, sowohl die Gesundheit als auch persönliche Angelegenheiten entscheidend umzuwandeln und zu verbessern.

Unsere Vorstellungskraft besitzt schöpferische Phantasie, welche als Brücke zwischen dem begrenzten, menschlichen Verstand und der allumfassenden Vernunft dient. Was immer wir uns vorstellen können und woran wir glauben, das wird zu unserer Wirklichkeit – ob im positiven oder im negativen Sinn. Je stärker wir unsere schöpferische Phantasie beanspruchen, umso leistungsfähiger und kreativer wird sie.

Unser Unterbewusstsein akzeptiert jeden Gedanken, dem wir unsere volle Überzeugung schenken. Und das bedeutet nicht mehr und nicht weniger, als dass jeder von uns voll verantwortlich für all das ist, was ihm in seinem Leben widerfährt, denn jeder von uns gestaltet seine Lebenserfahrungen mit seinen Gedanken und Gefühlen selbst. Die bewusste Einflussnahme des menschlichen Geistes auf den Körper ist eine seit Urzeiten gebräuchliche Heilmethode.

Die zwölf Geisteskräfte wurden bereits im Altertum erkannt und als „kosmische Zentren" im Menschen bezeichnet. Sie befinden sich in zwölf Drüsen unseres Körpers und warten nur darauf, von uns erkannt und aktiviert zu werden. Ein ausgewogenes Denken zieht eine Ausgewogenheit im Drüsensystem nach sich – und das bedeutet wiederum Gesundheit, Harmonie und Lebensfreude.

Affirmationen und positive Bejahungen sowie Gebete sind ein sicherer und einfacher Weg, der uns dabei unterstützt, unsere Gedanken und ihre Wirkung auf unseren Körper und auf unsere alltäglichen Angelegenheiten zu lenken und damit unsere Lebensangelegenheiten bewusst zu kontrollieren, getreu nach dem Motto: „Energie folgt dem Gedanken".

Das entspricht einem kosmischen Gesetz und ist die Bestätigung dafür, dass es der Geist ist, der sich den Körper baut. In uns liegt demnach ein unermesslicher Kraftstrom, der es vermag, schlechte Lebensbedingungen zu verbessern und Heilkraft zur Genesung von körperlichen Beschwerden herbeizuführen. Sobald wir mit vollem Bewusstsein unsere Aufmerksamkeit zu unseren Schwachstellen lenken und den universellen Energiestrom durch lebensbejahende Glaubenssätze zum Fließen bringen, rufen wir damit eine kosmische Intelligenz in uns wach, die diese zwölf Bewusstseinszentren im Körper stimuliert und damit eine wunderbare, heilsame Wirkung nach sich zieht.

Jedes gesprochene Wort erzeugt ganz bestimmte Vibrationen, deren Frequenzen uns sehr unmittelbar beeinflussen – das kann heilsam oder destruktiv sein – je nachdem, welche Bedeutung dahintersteht. Laut gesprochene Affirmationen, die das Gute kraftvoll bejahen, sind sehr wirkungsvolle Auslöser für eine persönliche, positive Veränderung im Leben sowie für spirituelles Wachstum und stetige Weiterentwicklung.

Mein Rat ist es, gleich morgens als erstes mit den Affirmationen zu beginnen und jeden der ausgewählten Sätze dreimal zu wiederholen, weil diese erste halbe Stunde ausschlaggebend dafür ist, wie der restliche Tag abläuft. Es wird sich sehr bald eine bemerkenswerte Wirkung zeigen, das kann ich sowohl aus eigenen Erfahrungen, als auch aufgrund der vielen und oftmals verblüffenden Berichte, die ich von meinen Kursteilnehmern erhielt, bestätigen.

Die Anwendung der Affirmationen und positiven Bejahungen ist sehr einfach. Man liest zuerst nach, welche tiefere Bedeutung hinter den einzelnen Geisteskräften liegt, um herauszufinden, auf welchem Gebiet eine Disharmonie besteht, die man beheben möchte. Dann verbindet man sich geistig mit dem dazugehörigen Erzengel und seiner Farbschwingung und spricht die dazu angegebenen Affirmationen und zwar jeden Satz dreimal.

Dieses Ritual wird täglich einundzwanzig Tage lang wiederholt, damit es sich sowohl im Unterbewusstsein als auch im Energiefeld fest verankern kann. Danach wendet man sich der nächsten Geisteskraft zu und spricht die Affirmation wieder dreimal täglich einundzwanzig Tage lang.

Optimal wäre es, nach diesem Schema alle zwölf Geisteskräfte im Laufe der Zeit zu aktivieren.

GEISTESKRAFT	ERZENGEL	FARBE	DRÜSE
Glaube	Michael	blau	Epiphyse
Stärke	Valeoel	gold	Adrenalindrüse
Beurteilung Gerechtigkeit	Jophiel	gelb	Bauchspeicheldrüse
Liebe	Chamuel	rosa	Thymusdrüse
Macht	Aquariel	aquamarin	Schilddrüse
Vorstellung	Raphael	grün	Hypophyse
Verstehen	Uriel	rubin	Thalamus
Wille	Anthriel	magenta	Hypothalamus
Ordnung	Zadkiel	violett	Leydendrüse
Begeisterung Wagemut	Perpetiel	apricot	Medulla oblongata
Ausscheidung	Omniel	opal	Drüsen in den Ausscheidungsorganen
Leben	Gabriel	weiß	Keimdrüsen

Die Geisteskraft des Glaubens

Erzengel Michael

Der Glaube ist eine mächtige universelle Kraft, die es vermag, das Schwingungspotential der Atome, der Zellkerne sowie des elektromagnetischen Feldes um uns herum zu erhöhen und zu verstärkten Aktivitäten anzuregen. Die Epiphyse, Pineal- oder Zirbeldrüse ist der Sitz der Geisteskraft des Glaubens. Sie ist in der Lage, Licht zu speichern und gilt damit als einer der wichtigsten Konzentrationspunkte im menschlichen Körper. Hier ist das Zentrum unserer außersinnlichen Wahrnehmungsfähigkeiten wie Hellsehen, Hellhören und Hellfühlen, weshalb es auch als 3. Auge oder „Auge der Götter" bezeichnet wird.

Bei geistigen Aktivitäten, wie bei Gebeten, Meditationen und Affirmationen stellt sich diese Drüse senkrecht wie eine Antenne auf und scheidet dabei eine Licht-Essenz aus, die im Ätherbereich ein spezielles Aroma zu verbreiten vermag, was von den Engeln und Lichtwesen als ein ganz besonderer Duft wahrgenommen werden kann.

Durch diese Licht-Essenz, die in der Epiphyse durch die Geisteskraft des Glaubens entfacht werden kann, kommt es zu dem, was wir „Wunderheilungen" nennen, weshalb ein unerschütterlicher Glaube die grundlegende Voraussetzung für unmittelbare Heilerfolge ist. Er ist es, der uns dazu verhilft, unser inneres Licht zu entfachen, um so zu den höchsten Kräften in uns gelangen zu können, denn alle Dinge sind möglich dem, der einen starken Glauben in sich trägt. „Der Glaube kann Berge versetzen."

Glauben gebrauchen wir in unserem Leben ständig. All das, wovon wir in unserem Geist überzeugt sind, daran glauben wir. Das ist jedoch ein zweischneidiges Schwert, denn es wirkt – dem Resonanzprinzip entsprechend – sowohl in die eine als auch in die andere Richtung. Destruktive Glaubensformen und pessimistische Überzeugungen erfüllen sich bei ständiger geistiger Verstärkung nämlich ebenso prompt wie gesundheitsfördernde, optimistische, lebensbejahende Affirmationen, die im Gegensatz dazu Auslöser für Wohlergehen und Lebensfreude sind. Unser Geist, der vom freien Willen gelenkt wird, ist demnach der Initiator von Krankheiten, Missgeschicken und negativen Geschehnissen. Er hat aber auch die Kraft, sie zu überwinden und das Gegenteil zu bewirken. Die Geisteskraft des Glaubens trägt einen mächtigen, schöpferischen Funken in sich, der unseren Geist auf magische Weise zu verändern vermag und der ihm dazu verhelfen kann, sich über Zweifel, Misstrauen, Ängste und Befürchtungen zu erheben und hinwegzusetzen.

Diese Glaubenskraft können wir auf die gleiche Weise aufbauen und weiterentwickeln, wie sich die Kraft unserer Muskeln stärken lässt, – nämlich durch unermüdliches Training in Form von positiven Bejahungen und Affirmationen.

Ein oftmals wiederholter, kraftvoller Glaubenssatz konzentriert das Licht im Inneren unseres Wesens und schmilzt damit aufgestaute Energien und disharmonische Schwingungsmuster im Mentalkörper weg. Ein fester, unerschütterlicher Glaube ist ein unermesslicher Schatz, den wir durch positive Bejahungen gewinnen und ständig vermehren können.

Erzengel Michael ist der große Fürst des Lichtes aus der hohen Hierarchie der Erzengel, der uns Menschen dabei hilfreich zur Seite steht, die Geisteskraft des Glaubens anzuregen und zu stärken. Er stützt uns liebevoll dabei, den Glauben und das Gottvertrauen in uns zu vermehren sowie Gefühle von Geborgenheit und Sicherheit zu gewinnen, wenn wir ihn darum bitten. Der Lichtstrahl, über welchen Erzengel Michael uns seine Hilfen zufließen lässt, ist von einem strahlenden Blau.

Blau – die Farbe des Glaubens, des Friedens, sowie der Umsetzung des göttlichen Willens, über die freie Entscheidung unseres eigenen Willens. Es ist die Farbqualität des vollkommenen Heilseins an Körper, Geist und Seele.

Erzengel Michael hat die Macht, die Lichtenergien in der Hypophyse auf eine Ebene anzuheben, auf der die sogenannten „Wunder" möglich sind. Er hilft uns auch dabei, eine Steigerung unserer Intuition und Inspiration zu gewinnen, um dadurch klare Antwort auf alle unsere Lebensfragen zu erhalten, die wichtig für uns sind, wie zum Beispiel:

Wer bin ich?

Woher komme ich?

Wohin gehe ich?

Die Geisteskraft des Glaubens ist der Schlüssel dazu. Sie ist für ein gelebtes, erfülltes Dasein von größter Wichtigkeit, denn sie fördert unser spirituelles Wachstum und verhilft uns zur perfekten Lösung aller unserer Lebensaufgaben.

Glaube
Affirmationen

Ich glaube unerschütterlich an die vollkommene göttliche Führung, die mich sicher und wohlbehalten durch mein Leben geleitet. Ich habe den festen Glauben an die ideale Lösung aller Situationen und Geschehnisse in meinem Leben, denn über mir steht der leuchtende Stern des Erfolges.

Ich bin beseelt mit dem göttlichen Licht: was immer mir auch widerfährt, es kann nur zu meinem Besten sein, denn Gott hat die absolute Macht darüber.

Mein fester Glaube macht mich stark und mutig, weil ich weiß, dass Gott die Regie für mein Wohlergehen an Körper, Geist und Seele führt. Ich habe den festen Glauben daran, dass alles in mir und um mich herum zu meinem Besten geschieht und für mein spirituelles Wachstum zum höchsten Wohle meiner Seele förderlich ist.

Der Glaube regiert mein Denken und mein Fühlen und ich weiß, dass alles, was mir widerfährt, einzig und allein meinem höchsten Wohl dient.

Göttliches Licht durchflutet jede Zelle meines Körpers und versorgt mich mit unermeßlicher Heilkraft und mit allem erdenklich Guten, das ich für mein Vorwärtskommen brauche.

Gott ist meine Hilfe in jeder Situation. ER ist mein Glück, meine Gesundheit und meine Lebensfreude. ER ist mein Alles – unfehlbar, schnell und ohne Ausnahme und ER führt mich in jedem Augenblick meines Lebens.

Ich glaube an den einen wahren Gott, der in mir und durch mich SEINE vollkommene Schöpfung zum Ausdruck bringt.

Gott kennt alle meine Wünsche und Sehnsüchte und gibt mir Antwort auf meine Fragen, weil SEINE Liebe und Wahrheit in mir ist und sich durch die innere Stimme meines Herzens kundtut. ICH BIN die Glaubenskraft an die göttliche Vorsehung, die in mir und durch mich ihren vollkommenen Ausdruck finden kann.

Die Geisteskraft der Stärke

ERZENGEL VALEOEL

Die Geisteskraft der Stärke verhilft uns dazu, übermenschlich große Gefahren überwinden zu können und selbst unter schlimmsten Bedingungen körperlich, geistig und seelisch durchzuhalten. Sie verdeutlicht sich in jenen emotionalen Erregungen, die in plötzlichen Notsituationen, oder bei außergewöhnlichen Schwierigkeiten, enorme Energiereserven mobilisieren können.

Erfahrungen haben das bestätigt und gezeigt, dass bei großen Katastrophen, wie bei einer Feuersbrunst oder bei einem Erdbeben, Taube plötzlich ihr Gehör wiederfanden, Stumme reden und Lahme gehen konnten. Die Geisteskraft der Stärke liegt in den Adrenalindrüsen, bei den Lenden im Kreuzbereich.

Diese Drüsen bezeichnet man auch als „Kampfdrüsen", weil sie ganz unmittelbar auf emotionale Empfindungen reagieren und dabei ein Sekret ausschütten, das dem Körper eine beträchtliche Zusatzration an Energien verleiht. Kranke Menschen leiden meistens ganz akut unter einem Defizit im Bereich der Geisteskraft der Stärke.

Über das Rückgrad ist sie unmittelbar mit der Geisteskraft des Glaubens verknüpft, weshalb diese beiden Geisteskräfte so etwas wie eine Partnerschaft bilden. Wenn jemand über Schmerzen im Kreuzbereich klagt, dann hat er meistens zuvor die Geisteskraft des Glaubens durch pessimistische Denkmuster geschwächt. Die schwerste Last für einen Menschen ist die seiner eigenen Gedanken und Worte, die geprägt sind von Bitterkeit, Selbstmitleid, Misstrauen, Zweifel, Angst, Eifersucht und Rachegefühlen.

Stärke und materielle Substanz haben einen gemeinsamen Nenner, weshalb finanzielle Schwierigkeiten und Geldsorgen das Kraftzentrum der Stärke völlig leerpumpen können. Die wirkungsvollste Möglichkeit finanziellen Anforderungen mit Erfolg entgegenzutreten liegt darin, Dank zu sagen für all das Gute, das man hat und es zu loben und zu segnen.

Auf diese Weise kann man die Geisteskraft der Stärke aktivieren und mit frischen Kräften versehen.

Wenn wir ganz bewusst das Wort „gut" aussprechen, dann setzen wir in uns göttliche Kräfte frei, denn dieses Wort trägt Schöpferkraft in sich und wirkt damit vervielfältigend, das heißt, es erhebt sich gewissermaßen zum Quadrat und vermehrt sich damit von selbst.

Wenn wir also immer wieder all das Gute in unserem Leben dankbar anerkennen, es loben und damit zufrieden sind, dann unterstützen und vermehren wir auf diese Weise gleichzeitig auch unsere Geisteskraft der Stärke, was unweigerlich Erfolg, Lebensfreude und Wohlstand mit sich bringt.

Oftmals wiederholte, positive Bejahungen wirken

wie ein stimulierendes Lebenselixier, das die Adrenalindrüsen belebt und heilt. Das wirkt gleichzeitig aktivierend und verjüngend auf den gesamten Organismus und löst Überbelastungen und Schmerzen auf. Erzengel Valeoel ist der lichtvolle Helfer aus dem göttlichen Bereich, der uns über den goldenen Lichtstrahl seine Hilfen zufließen lässt, wenn wir ihn darum bitten. Er unterstützt uns dann dabei, die Geisteskraft der Stärke in uns zu beleben und höheren Dimensionen anzugleichen, damit wir dem neuen Zeitgeist besser gewachsen sind und unsere Lebensaufgabe effektiver erfüllen können.

Er ist auf unsere Bitte hin sofort zur Stelle, um uns über den goldenen Lichtstrahl Kräfte zufließen zu lassen, die uns zu mehr geistiger Beweglichkeit verhelfen, damit wir dem Fluß des Lebens in seiner außerordentlichen Fülle besser folgen können.

Wenn wir die Geisteskraft der Stärke bejahen, dann setzen wir damit also ganz gewaltige Energien frei, die durch sämtliche Nervenbahnen fließen, jede einzelne Zelle des Körpers durchfluten und die feinstofflichen Hüllen mit Licht durchstrahlen, wodurch unser gesamter Organismus erneuert, vitalisiert und verjüngt wird. Die Folgen davon sind Erfolg, Glück und Lebensfreude – Voraussetzungen, die unser irdisches Dasein schöner, besser und angenehmer machen.

Stärke
Affirmationen

Gott ist meine Stärke – und nirgends ist soviel Kraft und Stärke wie in Gott. Das macht mich stark, mutig und unerschütterlich.

ICH BIN ein Brennpunkt aus strahlenden, lebensbejahenden Gedanken, Worten und Werken, erfüllt mit der Kraft und Stärke, um meine Wahrheit erkennen und ungehindert ausdrücken zu können.

ICH BIN erfüllt mit dem Wissen um meine grenzenlose Macht und Stärke, die meine Gottgegenwart ICH BIN uneingeschränkt für mich bereithält, um allen Anforderungen, die das Leben an mich stellt, furchtlos begegnen zu können.

ICH BIN stark und zuversichtlich und jederzeit dazu ermächtigt, meine vollkommene Freiheit zu beanspruchen, um mein Leben im Sinne meines Seelenplanes zu gestalten.

Göttliche Stärke durchflutet jeden Teil meines Wesens. Ich erkläre jedes Atom, jede Zelle und jedes Organ meines Körpers für gut, heil und mit göttlichem Licht erfüllt. Ich erkläre mein

Leben und alle meine Tätigkeiten für gut, erfolgreich und mit unzähligen Ideen und reichlicher Versorgung ausgestattet.

ICH BIN stark und unerschrocken, da ich mit göttlicher Stärke versorgt bin. Ich lasse alle Last von meinen Schultern fallen, entlasse Zweifel und Ängste aus meinem Herzen und meinem Gemüt und löse furchtlos alle meine Fesseln.

Göttliche Stärke sorgt für Ausgleich und Gerechtigkeit in jeder Phase meines Lebens. Ich freue mich darüber, entspanne mich und lasse es dankbar geschehen. ICH BIN ein Fels in der Brandung – unerschütterlich stark und fest verankert in meinem Glauben und meinem Gottvertrauen.

Ich kann alles haben, was ich mir wünsche, sobald ich mir meiner geistigen Stärke bewusst bin und den Mut aufbringe, sie zu gebrauchen. Ich kann alles haben, was ich mir wünsche – das ist mein göttliches Erbe.

Die Geisteskraft der Beurteilung und Gerechtigkeit

ERZENGEL JOPHIEL

Die Geisteskraft der Beurteilung und Gerechtigkeit hat ihren Sitz im Solarplexus, in der Bauchspeicheldrüse.

Alle unsere Gedanken und Empfindungen treffen zuallererst auf den Solarplexus und gelangen dann von dort aus über die Nervenbahnen zu den übrigen Körperteilen. Der Solarplexus birgt eine enorme Intelligenz, weshalb er auch als das „große Körpergehirn" bezeichnet wird. In ihm befindet sich nämlich eine graue Zellmasse, die dem Gehirn sehr ähnlich ist.

Diese ist mit Gedächtniszellen versehen, die in der Stille all das weiterbearbeiten, was man schon lange vergessen haben mag, was im Unterbewusstsein jedoch sein unbemerktes Dasein weiterführt.

Das ist solange der Fall, bis man bewusst darangeht, anstehende Probleme nicht mehr länger unter den Teppich zu kehren und sie, wie man so schön sagt, „wegzustecken", sondern sie aufzuarbeiten und damit aus ihrem Schattendasein zu erlösen.

Die Geisteskraft der Beurteilung und Gerechtigkeit wird immer dann missbraucht und geschwächt, wenn man an seinen Mitmenschen Kritik übt und sie verurteilt, oder wenn man nachtragende, missgünstige

Gedanken ihnen gegenüber hegt. Auch wenn man dauernd das Gefühl hat, sich von anderen falsch verstanden oder ungerecht behandelt zu fühlen, oder dem Irrglauben unterliegt, dass alles um einen herum ständig verkehrt läuft und man selbst keine Chancen zu irgendwelchen Veränderungen hat, schwächt man diese Geisteskraft ganz gehörig.

Das führt unweigerlich zu Störungen in der Bauchspeicheldrüse und im Magen-Darmtrakt und spiegelt sich auch in finanziellen Schwierigkeiten und in Erfolglosigkeit wider.

Oftmalige Bejahungen der göttlichen Gerechtigkeit verhelfen uns dazu, lichtvolle Energien in uns freizusetzen, um damit Körper, Geist und Seele zu beleben, sowie den Genesungsprozess erheblich zu fördern.

Wenn wir die Geisteskraft der Beurteilung und Gerechtigkeit mit Hilfe von Affirmationen zur Tätigkeit aufrufen, dann beginnt das universelle Gesetz der Gnade und Vergebung in uns seine vollkommene Wirkung zu entfalten.

Gedanken und Gefühle beruhigen sich und werden allmählich harmonisch, der Ausdruck von Liebe, Zuwendung und Mitgefühl wird spontaner und häufiger, was dann wiederum als wohltuendes Echo auf einen selbst zurückfällt und einen erheblich stärkt.

Wir sollten dabei jedoch auch nicht vergessen, dass all das, was einem an Gutem oder weniger Gutem widerfährt, irgendwann einmal von uns selbst ausgelöst wurde. Eine entsprechende Rückwirkung bleibt niemals aus, denn das göttliche Gesetz der Gerechtigkeit wirkt immer auf vollkommene Art und Weise.

Wir sollten aber nicht nur Gerechtigkeit für uns selbst wünschen, sondern sie auch den anderen zugestehen, denn Vergebung und Gnade sind im Konzept der göttlichen Gerechtigkeit miteingeschlossen.

Jophiel ist der Lichtfürst aus dem Erzengelbereich, der sich unserer liebevoll annimmt und stets dazu bereit ist, uns starke, hilfreiche Impulse zu vermitteln, die er uns über den gelben Strahl des Lichtes zufließen lässt. Er ist in seiner gütigen und liebevollen Wesensart dazu imstande, uns mit der Fülle des gelben Lichtes zu stärken, damit wir auf diese Weise gefestigt sind und aktiv werden können, um unser Erdenleben zu einem vollen Erfolg anwachsen zu lassen, auf dass wir daraus einmal auf einer höheren Ebene den Gewinn erzielen, der uns „goldene Früchte" bereithält, die von ewigem Wert sind.

Beurteilung und Gerechtigkeit
Affirmationen

ICH BIN ganz ruhig und gelassen, weil ich weiß, dass das göttliche Gesetz der Gerechtigkeit jetzt alle meine Angelegenheiten auf vollkommene Art und Weise ordnet.

Göttliche Gerechtigkeit belebt mich und macht mich durch und durch strahlend und heil. Ich danke dafür, dass sich Spannungen in mir lösen, Harmonie zum Ausdruck kommt und meine vollkommene Gesundheit wiederhergestellt ist.

Göttliche Gerechtigkeit gestaltet mein Leben und führt mich zu vollkommenen Ergebnissen. Ich fühle die heilende Kraft, die mir auf Gottes wundervollen Wegen zuteil wird und sage Dank für alles Gute.

Ich enthalte mich bewusst jeglicher Kritik und Verurteilung und akzeptiere jeden, so wie er ist. Göttliche Liebe vollbringt in meinem Denken, Fühlen und Handeln ihr vollkommenes Werk.

Ich klage weder mich noch andere wegen irgendeiner Schuld an. Ich habe die richtige Einstellung zu allen Menschen und zu allen

Situationen, die auf mich zukommen, denn das Gute siegt ohne Einschränkung.

All das Gute, das ich meinen Mitmenschen aus ganzem Herzen wünsche, kommt als reichlicher Segen auf mich selbst zurück. Göttliche Gerechtigkeit tut ihr vollkommenes Werk. Sie stillt die Sehnsucht meiner Seele und alle Bedürfnisse meines Lebens.

In mir und gegen mich gibt es keine Kritik, denn göttliche Beurteilung und Gerechtigkeit wirkt in meinem Leben und erfüllt mich mit Frieden, Harmonie und großer Dankbarkeit.

Ich vertraue mich vorbehaltlos der göttlichen Gerechtigkeit an, denn ich weiß, dass sie unfehlbar ist und alles in meinem Leben wieder ins Lot bringt, was mich schädigt, belastet und in meiner Würde verletzt. Göttliche Gerechtigkeit tut in diesem Geschehen ihr vollkommenes Werk.

ICH BIN jetzt dazu fähig, schmerzhafte Erinnerungen ohne Groll und Einschränkung ziehen zu lassen, weil sie mich auf meinem Weg zum Licht behindern. Ich rufe das göttliche Gesetz der Gerechtigkeit und bitte um die Gnade der Befreiung von allem, was meinem höchsten Wohl widerspricht.

Die Geisteskraft der Liebe

ERZENGEL CHAMUEL

Keine Macht der Welt kann so viel ausrichten und zum Guten verändern wie die Liebe, denn sie ist wahrlich eine Himmelsmacht.

Wenn wir die Geisteskraft der Liebe in ihrer vollen Größe erkannt haben und sie bewusst einsetzen, dann sind wir dazu in der Lage, nicht nur uns selbst mit Heilkräften zu versorgen, sondern diese auch in anderen Menschen zu entfachen.

Bedingungslose Liebe ist und bleibt ein wahres Heilelixier. Sie ist dazu fähig, Krankheiten und Leiden restlos zu überwinden, denn sie heilt alle Wunden, weshalb sie auch als der „Arzt des Weltalls" bezeichnet werden kann.

Die Geisteskraft der Liebe liegt in der Thymusdrüse, die mit der Liebesfähigkeit eines Menschen in enger Verbindung steht. Ein Energiedefizit in diesem Bereich verdeutlicht einen Mangel an Vertrauen, Zuversicht und Selbstliebe. Man glaubt, dem Leben und allen seinen Anforderungen nicht gewachsen zu sein und es fällt einem schwer, sich so zu akzeptieren, wie man ist. Ein großer Teil aller Krankheiten wird von unterdrückten Aggressionen sowie von belastenden Emotionen verursacht, die sich in Sorgen, Befürchtungen, Schuldgefühlen und Ärgernissen ausdrücken können. Solche negativen Gefühlsreaktionen sind dazu imstande, im Körper Substanzen zu erzeugen, die sich sehr schädigend auf die Zellen auswirken.

Bösartige Zellwucherungen sind stets ein deutlicher Hinweis auf einen solchen Prozess. Gedanken und Worte der Liebe hingegen erzeugen heilsame, chemische Veränderungen im Körper und verändern auch gleichzeitig alle Umstände in unserem Leben, die einer Verbesserung bedürfen.

Die Geisteskraft der Liebe überwindet alle Schranken und Widerstände. Sobald wir das Wort „göttliche Liebe“ in unseren Gedankenprozess aufnehmen, verändern unsere Zellen ihren Schwingungsrhythmus. Das wirkt auf den gesamten Organismus wie eine harmonisierende und vitalisierende Energiedusche.

Worte der Liebe haben eine ungemein kraftspendende, wohltuende Wirkung und können ganz wundervolle Dinge für uns vollbringen. Sie ebnen unseren Weg, lösen Blockaden und Stress und schaffen Ruhe, Frieden und Harmonie. Außerdem machen sie uns für die Erfüllung unserer Wünsche und für unsere materielle Versorgung geradezu magnetisch. Wenn wir es erreichen können, uns selbst als ein strahlendes Zentrum göttlicher Liebe zu betrachten, dann wirkt diese Liebesenergie wie ein starker Magnet, der aus allen Richtungen Gutes heranzieht und die gesamten Lebensumstände veredelt und bereichert.

Erzengel Chamuel ist der „Große Liebende“ unter

den Lichtfürsten. Er versorgt uns auf unsere Bitten hin mit den rosafarbenen Schwingungen der bedingungslosen Liebe, die uns dabei unterstützen, unsere Gefühle zu harmonisieren und frei von Angst, Furcht und Einsamkeit zu sein.

In seinen Händen liegt für uns die Fülle von sanft einhüllenden, mitfühlenden und zärtlichen Liebesenergien, die wir für unser Gefühlsleben dringend brauchen, um unseren irdischen Weg unbeeinträchtigt, sicher und glücklich gehen zu können.

Ohne Liebe ist ein Leben leer, einsam und damit mangelhaft, denn es fehlen die Kräfte, die nötig sind, um die „Süße des Lebens" genießen zu können und das Dasein mit Gefühlen zu veredeln.

Erzengel Chamuel öffnet seine Arme liebevoll für all jene, die in sich die große Sehnsucht nach diesem großartigen Gefühl der Liebe verspüren und die einen Weg suchen, diese Geisteskraft in sich zu verstärken.

Es liegt jetzt an uns, diese Hilfe anzunehmen und unsere Energien einzusetzen, um der Liebe zur Entfaltung zu verhelfen – der allumfassenden, bedingungslosen Liebe, die es vermag, in unserem Leben dem Licht und damit dem Guten zum Durchbruch zu verhelfen. Ein vertrauensvolles Hinwenden an den großen Erzengel der Liebe, dem Herrscher über den rosafarbenen Strahl des Lichtes – Chamuel – ist immer mit Erfolg gekrönt und von spürbaren Hilfen begleitet, dessen dürfen wir gewiss sein.

Liebe
Affirmationen

Mein Herz steht in direkter Verbindung mit Gott. Göttliche Liebe wirkt in mir, durch mich und um mich herum und tut ihr vollkommenes Werk. Mein Leben wird von göttlicher Liebe regiert. ICH BIN der vollkommene Ausdruck göttlicher Liebe. Wo immer ICH BIN ist Gott.

Göttliche Liebe ist in mir am Wirken und bestimmt meinen Weg durch die Zeit. Die Liebe Gottes umgibt mich – die Liebe Gottes umhüllt mich – die Liebe Gottes beschützt mich und wacht über mir. Göttliche Liebe wirkt in vollkommener Weise zu meinem Besten.

Was auch immer der Grund für schmerzliche Erfahrungen in meinem Leben sein mag, göttliche Liebe gibt mir die Antwort. Sie heilt alle meine Wunden, besänftigt meinen Körper und stillt die Bedürfnisse meiner Seele.

Göttliche Liebe geht vor mir her und bereitet mir meinen Weg. Sie erfüllt mein Herz mit großer Sicherheit und Zuversicht und mein Leben mit unermesslicher Fülle, Glück und Zufriedenheit.

ICH BIN erfüllt mit Licht und Liebe. Liebende Gedanken erzeugen gesunde Zellen. Jede Zelle meines Körpers reagiert unmittelbar auf die göttliche Kraft der Liebe, die sich jetzt in rosigen Farben in mir ausbreitet. Angst hat in meinem Leben keine Chance mehr, denn sie wird durch Liebe ersetzt.

Göttliche Liebe ist in meinem Dasein immer am Wirken, um mich zu behüten und zu beschützen, zu führen und zu leiten. ICH BIN damit unbesiegbar und stark und weiß mich geliebt und geachtet. Mein Leben ist unendlich schön und reich, denn durch die Liebe Gottes ist mir die Macht gegeben, segensbringende, lichtvolle Taten auf dieser Welt zu verströmen.

Ich liebe das Höchste und Beste in jedem Menschen und ziehe damit wie ein Magnet die höchsten und besten Menschen in mein Leben. Alles und jedes bringt mir jetzt Glück, Erfolg und Fortschritt und strahlt als wärmendes Licht auf mich und meine Welt.

Die Geisteskraft der Macht

ERZENGEL AQUARIEL

Das gesprochene Wort erzeugt in unserem gesamten Wesen eine unermessliche Resonanz und wirkt um etwa achtzig Prozent stärker als der bloße Gedanke. Worte haben eine gewaltige Macht, mit der wir unser Leben nach unseren Vorstellungen und Wünschen gestalten können. Sogar Krankheiten lassen sich damit vollständig aus dem Bewusstsein entfernen. Daher benutzt man schon von jeher das gesprochene Wort als Heilmittel, weil es eine Schwingungsfrequenz erzeugt, die in der geistigen Welt einen Energieumwandlungsprozess auszulösen vermag, welcher im menschlichen Körper eine tiefgreifende Veränderung in Richtung Heilsein hervorruft.

Worte, die Gesundheit, Lebensfreude, Liebe und Gottvertrauen ausdrücken, entfachen in unserem Wesen eine unermessliche Heilkraft. Beweise dafür finden sich im Wirken des großen Heilers Jesus, der mit dem gesprochenen Wort eine Vielzahl von Wundern auszulösen vermochte. Das Energiezentrum der Macht befindet sich in der Schilddrüse. Über diese Geisteskraft fließt die Energie zu den Stimmbändern und zur Zunge, wo unsere Worte geformt und ausgesprochen werden.

Das gesamte Wesen eines Menschen ernährt sich von seinen Worten. Negative, beleidigende, aufbrausende Worte können demnach zu krankhaften Veränderungen im Halsbereich führen, denn sie setzen zerstörerische Kräfte im Körper in Bewegung, die solche Disharmonien nach sich ziehen.

Vieles, was als Krankheit und Unbehagen im Halsbereich in Erscheinung tritt, wie zum Beispiel Halsentzündungen, geschwollene Mandeln, Kloß im Hals oder Hustenanfälle, kommt daher, dass dieses Zentrum der Macht durch destruktive Gedanken und lieblose Worte verletzt und geschwächt wurde.

Menschen, die oftmals von Krankheiten, Sorgen oder Mißgeschick sprechen oder die andere ständig kritisieren und beleidigen, ziehen diese zerstörerischen Schwingungselemente automatisch in ihr eigenes Energiefeld, von wo sie wie ein Bumerang auf den Absender zurückfallen. Das verdeutlicht sich dann in Form von allen möglichen Problemen, schlechten Bedingungen oder in mangelnder Gesundheit und Lebensfreude. Wenn man sich das bewusst vor Augen führt, dann kann man mit seinen Worten gar nicht vorsichtig genug sein, denn wir projizieren tatsächlich das auf unser Leben, was wir denken und was wir sprechen. Das Wort besitzt also eine mächtige universelle, schöpferische Kraft, die im Gesang noch zusätzlich verstärkt wird. Jedes einzelne unserer Worte wird von unserem Geist und unserem Körper genau registriert und auch die unausgesprochenen, hinuntergeschluckten Worte beeinflussen uns ganz unmittelbar.

Ein gesprochenes Wort erzeugt nämlich eine tönende, resonanzfähige Schwingungsfrequenz, die durch das gesamte körperliche und feinstoffliche System hindurchschwingt und dabei jede Zelle, jedes Atom unseres Wesens berührt und in Mitleidenschaft zieht.

Das ist der Grund, warum wir unsere Worte sehr sorgsam auswählen sollten, denn sie haben eine unmittelbare Auswirkung auf unser gesamtes Lebensgefüge. Darin liegt jedoch auch die außerordentliche Bedeutung von positiven Affirmationen und lebensfördernden Bejahungen und ihrer schöpferischen Macht, die unser Leben von Grund auf verändern und bereichern kann. Denn diese kraftvollen Schwingungsformationen verdichten sich im Energiekörper und harmonisieren dort das gesamte Energiemuster, weil der universelle Lebensstrom, von göttlicher Ordnung geprägt, dem machtvollen menschlichen Wort bedingungslos Folge leistet.

Erzengel Aquariel ist der lichtvolle Helfer, der uns dabei unterstützt, das Energiezentrum der Macht in uns zu stärken und weiterzuentwickeln.

Aquamarinblau ist der Farbstrahl, auf welchem er uns liebevoll seine himmlische Kraft zur Verfügung stellt, damit wir unsere Gedanken, Worte und Taten unter Kontrolle behalten können. Auch dann, wenn wir in unseren Gefühlen verletzt wurden oder uns erregt haben und dabei möglicherweise versucht sind, übers Ziel zu schießen und die Vorsicht außer Acht lassen, die gerade in solchen Situationen, die als Prüfstein gelten, höchst wichtig wäre.

Im aquamarinblauen Lichtstrahl liegt die Kraft der Gedankenkontrolle und der daraus resultierenden Worte, die für uns ein großes Kapital bedeuten können, wenn sie richtig gewählt sind. Wir besitzen damit eine ganz großartige Macht, die in uns auf ihren Einsatz wartet, um uns zu lichtvollen Gefilden zu geleiten und um uns zu einem wortgewaltigen Wesen heranwachsen zu lassen, das die Macht seiner Worte schätzt und achtet und das damit seine Welt nach seinen höchsten Ansprüchen zu gestalten vermag.

Macht
Affirmationen

Ich bin dazu ermächtigt, alles zu haben, was ich mir wünsche, sobald ich mir meiner großen Macht bewusst bin und den Mut aufbringe, sie zu gebrauchen. Das ist mein göttliches Erbe.

Gottes Kraft ist überall um mich herum gegenwärtig. Sie wirkt unaufhörlich in mir und durch mich hindurch und befreit mich von allen blockierenden Einflüssen, die mich in meiner Lebenserfüllung beeinträchtigen. Göttliche Kraft ist überall um mich gegenwärtig. Sie ist grenzenlos und unerschöpflich und offenbart sich mir in angemessener Form, um mich ausreichend zu versorgen. Ich danke für die herrlichen Ergebnisse zum richtigen Zeitpunkt.

Ich stelle mich unter das unermesslich starke göttliche Kraftfeld im Bewusstsein, dass ich auf diese Weise geschützt und geborgen bin. Eine schnelle Verbesserung aller meiner Lebensumstände tritt jetzt ein, nachdem ich angefangen habe, ihnen entgegenzugehen, im Bewusstsein meiner Macht und Stärke.

Die unbegrenzte, göttliche Schöpferkraft, die das Universum geschaffen hat, offenbart sich jetzt in mir, um große Dinge vollbringen zu können, zu denen ich mich bereit erklärt habe. Ich danke dafür, dass ich göttlich unterstützt und königlich versorgt bin.

Keine Macht der Welt kann mich davon abhalten, mein Leben nach meinen höchsten Idealen aufzubauen, um Glück, Gesundheit und Wohlstand zu schaffen, denn ICH BIN ein Kind Gottes und damit erfüllt von SEINER unendlichen Macht und Stärke.

ICH BIN ein mächtiger Mitschöpfer Gottes und habe durch meine Gedanken und Worte die Herrschaft über alle Angelegenheiten in meinem Leben. Überreichliche, göttliche Kraft steht mir dafür zur Verfügung.

Ich kenne die mächtige Wirkung meiner Worte auf Körper, Geist und Seele und spreche deshalb nur gut, wahr und liebevoll. ICH BIN Licht und Liebe und wirke mit Freude zum Wohle des Ganzen.

Das kraftvolle Sprechen von Worten des Lebens und der Liebe zu jeder Zelle, jedem Organ und jeder Funktion meines Körpers ist der sicherste Weg zu Gesundheit, Glück, Erfolg und Wohlbefinden. Ich danke für die Macht meiner Worte, die mich dazu befähigt, Großes erreichen zu können.

Die Geisteskraft der Vorstellung

ERZENGEL RAPHAEL

Die Geisteskraft der Vorstellung ist mit einem großen Maß an Schöpferkraft, Phantasie und Enthusiasmus versehen. Mit ihrer Hilfe sind wir dazu in der Lage, kreativ tätig zu sein und Ideen und Einfälle umzusetzen, womit jede Phase unseres Lebens völlig umgestaltet und verbessert werden kann. Die Hirnanhangdrüse oder Hypophyse ist das Zentrum in unserem Körper, das von der Geisteskraft der Vorstellung beherrscht wird. Sie wird auch als „Meisterdrüse“ bezeichnet und beeinflusst unter anderem unsere mentalen Aktivitäten. Informationen aus dem Kosmos gelangen über die Hypophyse in unser Bewusstsein. Sie ist aber auch überaus wichtig für unsere spirituelle Entwicklung, weil unser Geist- und Seelencharakter sehr stark von der Vorstellungskraft beeinflusst wird.

Ein Bild, das im Geist präsent ist und mit Gefühlen und Empfindungen genährt wird, ist auf dem besten Weg, sich zu materialisieren. Das ist eines der großen Universalgesetze. Wenn man so leichthin sagt: „Es ist doch alles nur Einbildung,“ dann meint man damit gewöhnlich, dass es sich um nichts anderes als um Gehirngespinste handelt und dass nichts dahintersteht.

Das Gegenteil davon ist jedoch der Fall. Einbildung

ist wahrscheinlich die allerkraftvollste Seite des menschlichen Geistes. Mit der schöpferischen Geisteskraft der Vorstellung können wir Einfälle oder Ideen kreieren, die konkret oder auch abstrakt sein mögen. Wir sind damit in der Lage, sowohl negative Dinge in unser Leben hineinzubringen, als auch Gesundheit, Erfolg, Jugendlichkeit und Wohlstand – es hängt ganz von uns selbst ab.

Wenn sich jemand dauernd etwas vorstellt, glaubt er schließlich daran, sei es nun Gutes oder Schlechtes, Gesundheit oder Krankheit. Die „Vorstellung ist die Ursache vieler Krankheiten, aber der Glaube ist die Heilung davon," sagte Paracelsus.

Tatsächlich ist das Vorstellungsvermögen die wirkungsvollste Methode zur schnellen Verwirklichung dessen, was man glaubt. Wenn wir uns vollkommenes Heilsein für uns selbst oder für einen anderen vorstellen, dann ist das der beste Weg zum Erfolg. Einfach nur vorstellen – ruhig, gelassen und unbeirrt – ohne es mit dem Willen erzwingen zu wollen. Wenn wir nämlich zu ungestüm wünschen, drängen oder verlangen, dann beschneiden wir unsere Vorstellungskraft und schwächen damit ihr Leistungsvermögen erheblich. Das größte Erfolgsgeheimnis zur Wunschverwirklichung liegt darin, eine Angelegenheit mit Hilfe der Vorstellungskraft zu regeln, anstatt das gewünschte Resultat mit dem Willen erzwingen zu wollen. Wenn wir uns vollkommene Gesundheit vorstellen, dann ist das etwas ganz Natürliches, das in uns bereits programmiert ist, denn Gott hat uns als vollkommene Wesen nach seinem Ebenbild geschaffen. Wir befreien damit nur die eingekerkerte, göttliche Lebenskraft in uns, die bereits darauf wartet, sich in den Zellen unseres Körpers wieder auf vollkommene Art und Weise ausdrücken zu können.

Spontanheilungen kommen nur auf diesem Weg zustande. Sie sind einzig und allein mit Hilfe der Vorstellung zu erzielen, weil diese schöpferische Energie vollkommene Transformationskraft besitzt.

Erzengel Raphael, der Lichtfürst des wahren Heilseins an Körper, Geist und Seele, stellt sich uns zur Stärkung der Geisteskraft der Vorstellung zur Verfügung. Er wirkt über den grünen Lichtstrahl und eine seiner vordergründigsten Aufgaben liegt darin, sämtliche unserer Denkmuster auf eine höhere Schwingungsebene anzuheben, um sie der göttlichen Ordnung und der kosmischen Wahrheit anzugleichen.

Er unterstützt uns auch dabei, die notwendigen Voraussetzungen zu finden, damit sich vor unserem geistigen Auge etwas abspielen kann, das den „geistigen Film" unseres kreativen Vorstellungsvermögens mit lebhaften bunten Bildern versieht, die uns motivieren und faszinieren. Denn nur wirklich anfeuernde, zur Begeisterung hinreißende und ermunternde, geistige Impulse sind dazu in der Lage, die Geisteskraft der Vorstellung dermaßen zu aktivieren, dass es schließlich zu einer Realisierung des Gewünschten kommt, die augenscheinlich ist.

Der große Fürst Raphael hält das grüne Licht in seinen Händen und reicht es liebevoll all denjenigen, die sich danach sehnen, in ihrem Leben Wünsche zu realisieren, um ihm auf diesem Weg zu mehr Substanz, Freude und Zufriedenheit zu verhelfen.

Es liegt kein Zauber dahinter, die Dinge auch tatsächlich zu erhalten, die man sich sehnlichst wünscht und die man sich ganz konkret vorstellen kann – es ist ein geistiges Gesetz.

Vorstellung
Affirmationen

Ich stelle mir nur das Höchste und Beste für mich und andere vor. Ich weiß, dass die guten Ergebnisse jetzt auf mich zukommen, nachdem ich angefangen habe, mir von allem, was ich mir wünsche, ein ganz konkretes Bild zu machen.

Mit meinem Vorstellungsvermögen heile ich meinen Körper auf wunderbare Art und Weise, indem ich die Vollkommenheit der Schöpfung in ihn hineinprojiziere. Gott ist meine Gesundheit, unfehlbar, vollkommen und zu jeder Zeit.

Mit meiner Vorstellungskraft bin ich an der kreativen Gestaltung meines Lebens unmittelbar beteiligt. Ich rufe das mächtige, liebevolle Wirken Gottes in mein Leben und bitte um das Wunder, das ich jetzt brauche, um meine Wünsche zu realisieren. Gott ist mein Garant für Gesundheit, Glück und Wohlstand und für die Erfüllung all dessen, was meinem Seelenplan entspricht.

ICH BIN erfüllt mit einer klaren Vorstellung und mit einem unbändigen Verlangen, mein mir gestecktes Ziel zu erreichen. Mein Unterbewusstsein verschafft mir jetzt den Zugang zum universellen Wissen und zur unendlichen Weisheit in mir und führt mich leicht und schnell zu vollkommenen Ergebnissen.

Für meine Geisteskraft der Vorstellung – gepaart mit meinem festen Willen und mit meiner Vernunft – ist alles möglich. Sie schafft es, mit Lichtgeschwindigkeit in den unendlichen Raum vorzustoßen, um Wege und Mittel zu finden, die zur Erfüllung aller meiner Hoffnungen, Träume und Wünsche verhelfen.

Mit meiner Vorstellungskraft halte ich den Schlüssel für alle meine Wünsche in der Hand. In mir liegt damit jene transformierende und erneuernde Kraft, durch die ich alles erreichen kann, was ich erreichen will.

Meine Vorstellungskraft ist der Motor meiner Kreativität. In mir liegt der Schöpfergeist Gottes, der mich dazu befähigt, mein Leben nach meinen höchsten Idealen, Talenten und Fähigkeiten aufzubauen, so wie es meinem Vorstellungsvermögen und meinen Wünschen entspricht.

Die Geisteskraft des Verstehens

ERZENGEL URIEL

Die Geisteskraft des Verstehens drückt sich sehr deutlich durch unser intuitives Wissen aus, das uns von unserer „inneren Stimme" kundgetan wird. Wenn wir dazu bereit sind, dieser zarten, inneren Stimme Gehör zu schenken, dann folgen wir damit der höchsten Intelligenz in uns. Eine intuitive Eingebung ist stets ein wahrer Segen und sollte möglichst rasch und in aller Stille befolgt werden.

Wenn wir dazu bereit sind, nicht gleich alles zu zerreden sondern in die Stille zu gehen und in uns hineinzuhorchen, dann können wir damit die Geisteskraft des Verstehens zu wahren Höchstleistungen anregen. Das ist das Erfolgsrezept vieler außergewöhnlicher Menschen, die durch ihre Erfindungen und Pioniertaten der Welt Großes hinterlassen haben und die den Mut hatten, auf ihre innere Stimme zu hören und ihr – ungeachtet der Meinung anderer oder sonstiger Schwierigkeiten – zu folgen.

Als Einstein einmal nach dem Erfolgsgeheimnis seiner berühmten Relativitätstheorie gefragt wurde, antwortete er: „Der wirklich wertvolle Faktor war meine Intuition." Jeder von uns trägt intuitive Weisheit und intuitives Verstehen in sich – Gaben, die vor allem in der Stille lebendig werden. Das ist der Grund dafür, warum das Verweilen in der Stille mit Gebet und Meditation so wichtig für uns ist. Die Geisteskraft des Verstehens hat ihren Sitz im Thalamus, der im Vorderhirn liegt, welches als eines der wichtigsten Organe für die Intelligenz des Menschen gilt. Dieses Zentrum schließt alle Formen des Wissens, der Weisheit, der geistigen Aufnahmefähigkeit und des Auffassungsvermögens mit ein. Diese Geisteskraft beeinflusst unseren gesamten Körper, vor allem die Augen und Ohren, sowie den Solarplexus, die Beine und die Füße. Wenn wir auf das feine Empfinden des intuitiven Verstehens eingestimmt sind und unserer inneren Stimme Vertrauen schenken, stärken wir auf diese Weise gleichzeitig auch unser Seh- und Hörvermögen, was in weiterer Folge die außersinnliche Wahrnehmungsfähigkeit des Hellsehens und Hellhörens aktiviert. Durch intuitive Impulse wird die Geisteskraft des Verstehens zu einem Kanal, durch welchen die Lichtenergien hindurchfließen – vom Überbewusstsein über das Bewusstsein bis zum Unterbewusstsein, dem „großen Körpergehirn" im Solarplexus, das als Sitz der unbewußten Weisheitsaktivitäten ganz automatisch durch den Gebrauch der Geisteskraft des Verstehens beeinflusst wird. Auch unsere Füße reagieren besonders empfindlich auf die Aktivität dieser Geisteskraft, weil die Fußnerven direkt mit dem Vorderhirn in Verbindung stehen und alles absorbieren, was dort vor sich geht. Außerdem können wir unsere außersinnliche Wahrnehmungsfähigkeit der Intuition und der Telepathie enorm steigern, wenn wir in uns die Geisteskraft des Verstehens anregen und verstärken. In Erzengel Uriel erblicken wir den großen Lichtfürsten, der sich dazu anbietet, uns bei diesen Bemühungen zu unterstützen. Er wirkt über den rubinrotgoldenen Strahl des Lichtes, der in seiner Vermischung ein leuchtendes Orange verströmt.

Selbst in ausweglos erscheinenden Situationen ist es ihm möglich, mit Hilfe seines orangefarbenen Lichtes neue Gedankenmuster zu schaffen, die in einem Geschehen eine Umkehr im Sinne einer Aufwärtsentwicklung bewirken können.

Das geschieht mit Hilfe von Lichtimpulsen, die es vermögen, die Gewissheit zu vermitteln, dass all das, was wir für unsere Lebenserfüllung benötigen, nicht im Außen zu suchen ist, sondern in uns selbst überreichlich bereit liegt und zur Verfügung steht, wenn wir den Mut aufbringen, unserer Intuition zu vertrauen und auf das leise Flüstern unserer inneren Stimme zu hören. Wenn wir „göttliches Verstehen" in uns zur Tätigkeit aufrufen, dann schaffen wir damit wundervolle Lösungen für jegliches Ungemach und sind außerdem dazu imstande, unser gesamtes Leben neu zu strukturieren und damit entscheidend zu verbessern.

Die Voraussetzung dafür liegt in der Bereitschaft, unserem intuitiven Leitstern vertrauensvoll zu folgen, damit er unseren irdischen Pfad erleuchten kann.

Verstehen
Affirmationen

Ich erkenne intuitiv was zu tun oder zu unterlassen ist, denn göttliches Verstehen in mir öffnet meine geistigen Tore und erhöht meine außersinnliche Wahrnehmungsfähigkeit.

Alles in meinem Leben läuft in den richtigen Bahnen, denn göttliches Licht in mir erleuchtet mein intuitives Verstehen und damit meinen Weg zu meinem Ziel.

ICH BIN mit göttlicher Intelligenz und klarem Verstand gesegnet und weiß zu jeder Zeit und überall, was zu denken, zu sagen oder zu tun ist. Ich drücke stets mein vollkommenes Verstehen aus und treffe sicher und schnell die richtigen Entscheidungen.

Gebete, Meditationen und Affirmationen bringen mich in Harmonie mit Gott und den Menschen und verschaffen mir größeres Verständnis, das mir zu weiteren Fortschritten und Segnungen in meinem Leben verhilft.

Die göttliche Führung zeigt mir genau, was ich unbedingt wissen muss, um in jeder Lebenssituation intuitiv das richtige zu tun. ICH BIN stets zum richtigen Zeitpunkt am richtigen Ort und treffe die richtigen Entscheidungen. Wo immer ICH BIN ist Gott.

ICH BIN mit starkem, intuitivem Verstehen ausgestattet. In mir liegt göttliche Weisheit vereint mit dem Wissen um die geistige Führung aus dem Bereich der Engel und Lichtwesen, die im göttlichen Auftrag meine Begleiter sind.

Ich vertraue alles in meinem Leben der liebevollen Fürsorge Gottes an. ICH BIN erfüllt mit dem Bewusstsein, dass ER mich führt und leitet durch meine intuitive Wahrnehmungsfähigkeit und die leise innere Stimme meines Herzens.

ICH BIN intuitives Verstehen, vereint mit Licht und Liebe. Ich lasse göttliche Weisheit durch mich hindurchfließen und nehme sie dankbar in mir wahr. Ich weiß es – ich verstehe es – ich erinnere mich – ich drücke mich vollkommen aus. Jetzt ist die Zeit göttlicher Erfüllung und ich fühle mich sicher und geborgen, weil ich weiß, dass ich meiner Intuition immer vertrauen kann.

Die Geisteskraft des Willens

ERZENGEL ANTHRIEL

„Des Menschen Wille ist sein Himmelreich," sagt ein altes Sprichwort und tatsächlich haben wir mit unserem freien Willen eine enorme Macht, denn er ist das offene Tor zur Erfüllung aller unserer Wünsche, Träume und Sehnsüchte.

Der Wille ist ein königliches Geschenk, das wir von unserem Schöpfer erhalten haben, um frei und ungezwungen entscheiden zu können, wie unser Lebensweg verlaufen soll. Wir haben damit die freie Wahl, selbst bestimmen zu können, was wir für gut, richtig und lebenswert erachten, um unser irdisches Dasein demgemäß zu gestalten.

Unser Wille ist sozusagen der „Baumeister" unseres gesamten Lebensgebäudes. Er ermächtigt uns dazu, alle unsere Anliegen an das göttliche Licht heranzutragen, um daraus wie aus einer unermesslichen Quelle schöpfen zu können und um so eine Veredelung unseres irdischen Daseins zu bewirken, die mit nichts anderem zu erreichen ist.

Daran zeigt sich die große Macht, die unser Schöpfer uns verliehen hat. Sie liegt im Einbringen unseres freien Willens, den wir in die höchsten Dimensionen hinauftragen können, um ihn zu verwirklichen. Er ist der überragende Herrscher über all die anderen Geisteskräfte, weil er mit seiner Dynamik den Takt angibt und die Lebensmelodie dirigiert. Deshalb ist es besonders wichtig, dass die Geisteskraft des Willens stets von der Geisteskraft des Verstehens begleitet und gelenkt wird, damit sie uns auch wirklich zum Segen gereicht. Das intuitive Verstehen verhilft dem freien Willen dazu, mit dem göttlichen Willen im Inneren eines Menschen in Übereinstimmung zu treten und ihm Folge zu leisten. Dieser tut sich stets ganz klar, deutlich und unüberhörbar über die innere Stimme kund, die diesbezüglich ein höchst präzises Instrument ist.

Wenn wir dazu bereit sind, unsere vom freien Willen gesteuerten Tätigkeiten über das intuitive Verstehen mit dem göttlichen Willen in uns in Einklang zu bringen, dann entwickeln wir auf diese Weise weitaus höhere Fähigkeiten, etwas zu realisieren oder zu bewältigen, als es vom bloßen Verstand her möglich wäre.

Gottes Wille bedeutet stets das Höchste und Beste für uns. Er drückt sich darin aus, dass wir Menschen – als die höchsten Wesen in der Schöpfung – frei und unbehindert die Vollendung unseres Seelenplanes anstreben mögen, unserem freien Willen und unserer intuitiven, inneren Stimme entsprechend.

Ein Leben in Not und Krankheit, in dem man sich sorgenvoll, einsam und deprimiert fühlt und zu Dingen gezwungen wird, die man ablehnt, ist mit Sicherheit nicht in Übereinstimmung mit dem guten Willen Gottes, der immer nur das Höchste und Beste für uns ausdrückt. Wir Menschen sind eben vielfach der Versuchung unterlegen, unsere intuitive Führung geflissentlich zu überhören und eher unserem nüchternen Verstand, unserem Ego, sowie Beeinflussungen von außen Beachtung zu schenken. Dadurch kommt es oftmals zu schweren Fehlentscheidungen, Misserfolgen und Niederlagen, die uns großen Schaden zufügen und teuer zu stehen kommen.

Zu spät kommt dann meist die Einsicht, dass die innere Stimme goldrichtig gewesen wäre und dass wir ihr hätten vertrauen sollen, anstatt der Analytik und der Logik auf den Leim zu gehen, die der Intuition keinen Raum ließen.

Es führt stets zu Enttäuschungen und Verlusten, wenn wir versuchen, mit eisernem Willen etwas erzwingen zu wollen, ohne der intuitiven Führung Beachtung zu schenken und der inneren Stimme zu folgen. Die Geisteskraft des Willens hat ihren Sitz im Hypothalamus, der sich im Vorderhirn befindet. Er gilt als oberste Instanz bei der Regulierung des inneren Körpermilieus. In diesem Bereich enden die Nervenfasern aller Sinnesorgane.

Erzengel Anthriel ist der große Fürst des Lichtes, der uns auf dem magentafarbenen Strahl entgegenkommt und uns liebevoll bei der Entfaltung unserer Geisteskraft des Willens unterstützt, wenn wir uns vertrauensvoll an ihn wenden.

Er reicht uns seine Hand, wenn wir verzagt sind und unseren freien Willen durch Zweifel und Unsicherheit blockieren, indem uns Gedanken wie „ich weiß es nicht," „ich kann es nicht," „ich verstehe es nicht" quälen und unsere intuitiven Fähigkeiten auf diese Art behindern. Anthriel, der Lichtfürst des magentafarbenen Strahls, verhilft uns zu anderen Einsichten, die eine Lösung solcher Situationen bewirken können. „Ich denke darüber nach," „ich will es versuchen," sind dann die weitaus besseren Voraussetzungen, um wieder Boden unter den Füßen zu gewinnen.

Der Lebenswille ist der göttliche Funke in uns, der es vermag, unser Leben zu einem strahlenden Feuerwerk zu veredeln oder aber ein flackerndes Kerzenlicht daraus zu machen, das beim nächsten Windhauch zu verlöschen droht. Die Entscheidung liegt bei uns selbst. Der Weg zum Erfolg führt über Gebete, Meditationen und Affirmationen und erfordert Zielstrebigkeit, Geduld und Ausdauer.

Wille
Affirmationen

Gottes Wille für mich ist stets nur das Höchste und Beste – Gesundheit, Erfolg, Glück und Wohlergehen. Alles und jedes trägt jetzt zu meinem Fortschritt bei. ICH BIN dankbar für die vollkommenen Ergebnisse nach Gottes weisem Zeitplan.

Ich entspanne mich und lausche aufmerksam meiner inneren Stimme, um den göttlichen Willen in mir wahrzunehmen. Ich gebe jeden Widerstand auf und lasse den guten Willen Gottes in meinem Leben Wirklichkeit werden.

Der Göttliche Wille wirkt in mir und durch mich hindurch und inspiriert mich, das zu tun und zu wollen, was meinem spirituellen Wachstum zum Fortschritt verhilft und mich glücklich und zufrieden macht.

Gottes Wille geschehe durch mich, denn er ist das weit geöffnete Tor zur Erfüllung aller meiner Träume, Wünsche und Sehnsüchte. Gott ist unfehlbar – was ER will, geschieht – im Himmel so auch auf Erden.

Mein freier Wille ist mit meiner intuitiven Führung vereint. Er erkennt jede blitzartige Erleuchtung von innen sofort und folgt ihr schnell und ohne Vorbehalt. Damit willige ich freudig in den guten Willen Gottes ein.

Ich vertraue alles und jedes in meinem Leben der liebevollen Fürsorge Gottes an, denn ich weiß, dass SEIN Wille für mich in jeder Situation den Weg für vollkommene Ergebnisse und wundervolle Lösungen ebnet. Ich weiß, was zu tun ist – und ich tue es jetzt.

Die göttliche Führung setzt meinen freien Willen jetzt in Aktion. Ich gebe alles frei, was mich blockiert und behindert und was meinem höchsten Wohl widerspricht, um mutig das zu tun, was von mir getan werden muss. Ich vertraue auf vollkommene, göttliche Resultate, im rechten Ausmaß und zum richtigen Zeitpunkt.

Die Geisteskraft der Ordnung

ERZENGEL ZADKIEL

Die „göttliche Ordnung" ist das oberste Gebot im Universum. Sie ist das Erste Gesetz im Himmel und auf Erden, denn ohne Ordnung würde Chaos herrschen und damit wäre Leben undenkbar.

Die Geisteskraft der Ordnung drückt sich in Freiheit, Unabhängigkeit und in Sicherheit aus. Sie erhebt unser Bewusstsein auf höhere Ebenen, belebt unsere Organe, gibt uns Mut, Zuversicht und Ausdauer und macht uns besonders empfänglich für außersinnliche Wahrnehmungen und für die Verwirklichung unserer Vorstellungen und Wünsche. „Göttliche Ordnung" ist ein starkes Stimulans, das mit magischen Kräften versehen ist. Sie ist dazu imstande, geistige Fähigkeiten in uns freizusetzen, die es vermögen, disharmonische Zustände und ungeordnete Verhältnisse aufzulösen und zu eliminieren, auf dass sich neue Tore öffnen können und verborgene Talente und Fähigkeiten an die Oberfläche treten.

Die Geisteskraft der Ordnung setzt übermächtige Energien in uns frei, die uns dabei unterstützen, sämtliche Widerstände überwinden zu können und den alltäglichen Herausforderungen gewachsen zu sein, um sie mühelos zu bewältigen. Wenn wir die „Göttliche

Ordnung“ kraftvoll bejahen, dann setzen wir damit diese ordnenden Energien in uns auf konstruktive Weise frei und geben ihnen so die Möglichkeit, unsere gesamten Lebensumstände positiv zu beeinflussen.

Sobald wir beginnen, die Geisteskraft der Ordnung zu bejahen und damit in Aktion zu setzen, wird sich alles in uns und um uns herum dem Resonanzprinzip entsprechend danach ausrichten und bestens ordnen. Auch unsere Umwelt wird in geordneter Weise unsere geistigen Bemühungen widerspiegeln. Hektik, Stress, Spannungen und Reibereien beginnen sich dann allmählich aufzulösen, um sich schließlich ganz zu verflüchtigen, womit das innere Gleichgewicht, die Harmonie und die Ordnung wiederhergestellt sind.

Die Geisteskraft der Ordnung liegt am Sonnengeflecht – in der Leydendrüse unter dem Nabel. Allein an der Lage dieser Geisteskraft lässt sich schon erkennen, welche zentrale Stellung sie im Verbund der anderen Geisteskräfte innehat. Hier ist der Sitz des Unterbewusstseins – das Tor zum emotionalen Ausdruck – das Zentrum aller Gefühlsempfindungen, was ein Zeichen dafür ist, dass der Begriff „Ordnung“ zunächst eine Sache ist, die eine gefühlsmäßige Übereinstimmung voraussetzt.

Das bedeutet, dass jeder sein eigenes Ordnungsschema in seinen Angelegenheiten und in seinem Umfeld entwickeln muss, um sich unbeeinträchtigt und wohl fühlen zu können.

Zadkiel ist der Fürst des Lichtes, der uns dabei behilflich ist, aufzulösen, umzuwandeln und zu ordnen, was dem kosmischen Universalgesetz der „göttlichen Ordnung“ in unserem Leben widerspricht. Er wirkt im Hoheitsbereich der „violetten Flamme“, die uns zur Verfügung steht, damit wir uns von alten Schatten und Disharmonien sowie von destruktiven Gedankenmustern und karmischen Bindungen befreien können.

Die überragende Bedeutung der „violetten Flamme“ liegt in ihrer außergewöhnlichen Reinigungskraft. Im großen System der Weltenordnung ist es vorgesehen, unnötigen Ballast loswerden zu können, wenn man bewusst danach strebt, eine diesbezügliche Klärung und Bereinigung vornehmen zu wollen.

Erzengel Zadkiel nimmt sich mit viel Liebe und Geduld unserer an, wenn wir das Bedürfnis haben, uns von irdischen Beschränkungen und ungeordneten Verhältnissen bewusst befreien zu wollen. Dadurch machen wir unseren Weg frei, um zu höheren Ebenen gelangen zu können und auf diese Weise dem höchsten Ziel wieder ein großes Stück näher zu kommen.

Ordnung
Affirmationen

Göttliche Ordnung regiert meine Welt und ich genieße den Frieden und die Harmonie in mir und um mich herum. ICH BIN göttliche Ordnung.

Mein Geist, meine Seele und jede einzelne Zelle meines Körpers spiegelt die göttliche Ordnung wider. Voll Freude und Dankbarkeit lasse ich diese Geisteskraft in mir und um mich herum ihr vollkommenes Werk vollbringen.

Göttliche Ordnung durchströmt mein ganzes Wesen, befreit meine verborgenen Talente und Fähigkeiten, erlöst meine Wünsche und Sehnsüchte und ebnet mir den Weg für meine Lebensaufgabe.

Ich entlasse überholte Dinge und unnützen Ballast freudig aus meinem Leben. Göttliche Ordnung belebt und erneuert mich und geleitet mich in eine strahlende, erfolgreiche und glückliche Zukunft.

ICH BIN in der göttlichen Ordnung eingebettet und geborgen. Dieses Bewusstsein macht mich sicher und stark, gibt mir Mut und Ausdauer und macht mich empfänglich für überreichen göttlichen Segen.

Göttliche Ordnung, Harmonie und Ausgewogenheit bestimmen von nun an mein Leben. All das Gute, das mir nach göttlichem Recht zusteht, stellt sich jetzt ein und ich heiße es glücklich und dankbar willkommen.

Alles, was in der göttlichen Ordnung lebt und wirkt, ist darin geschützt und geborgen. ICH BIN erfüllt von göttlicher Ordnung. Erleuchtete Ideen und vollendete Ergebnisse strömen jetzt auf Gottes wunderbaren Wegen in mein Leben und bestimmen alle meine Angelegenheiten.

Als Mitschöpfer Gottes erhebe ich mich empor zum Licht und spreche das Wort:
Es ist Licht in mir und um mich herum. Es ist göttliche Ordnung in allen meinen Angelegenheiten. Es ist vollkommene Wahrheit in der Erfüllung meines Seelenplanes. ICH BIN an der Schöpfung meiner Welt unmittelbar beteiligt und verwandle damit Schatten in Licht.

So ist es – Dank sei Gott.

Die Geisteskraft von Wagemut und Begeisterung

ERZENGEL PERPETIEL

Der Wagemut und die Begeisterung sind ganz spezielle Geisteskräfte, die für die Persönlichkeit und den Lebensverlauf eines Menschen sehr prägnant und damit von größter Bedeutung sind.

Sie verleihen etwas sehr Attraktives, Reizvolles, eine ganz besondere Ausstrahlung, das „gewisse Etwas", nach dem sich alle so sehr sehnen. Menschen, bei denen diese Geisteskräfte gut entwickelt sind, sind solche, die sich von der breiten Masse deutlich unterscheiden. Sie strahlen eine besondere Zielstrebigkeit und Durchschlagskraft aus und nehmen sich die Freiheit, ihre Talente, Ideen und Vorstellungen ungehindert und selbstbewusst auszudrücken.

Wagemut und Begeisterung sind so etwas wie der „Schlüssel zum Erfolg." Sie geben einer Persönlichkeit Glanz, ein unnachahmliches Flair und eine farbige Strahlkraft, die dem Funkeln eines Kristalls im Sonnenlicht gleichkommt.

Tatsächlich besitzt jeder von uns diesen „göttlichen Hauch," dieses „innere Feuer," diese unnachahmlichen Fähigkeiten und Talente, die es vermögen, das Leben zu einem Siegeslauf werden zu lassen. Das

Geheimnis dafür liegt in den wunderbaren Geisteskräften von Wagemut und Begeisterung.

Ihr Sitz befindet sich an der Schädelbasis, in der Medulla oblongata, im verlängerten Rückenmark. Dieser Bereich wird dem mütterlich/weiblichen Prinzip zugeordnet und weist eine direkte Verbindung mit dem Solarplexus auf, weshalb sich Bewusstsein und Unterbewusstsein hier vereinen.

In dieser Zone erfolgt die Verschmelzung von verstandesmäßigem Denken und von intuitivem Wahrnehmen, von Intellekt und Inspiration, von Verstand und Gefühl. Im menschlichen Körper ist der Gehirnraum an der Schädelbasis dafür bestimmt, eine feine Nervenflüssigkeit zu verdampfen und die Substanz davon an die 5 Sinne weiterzuleiten.

Die Geisteskräfte von Wagemut und Begeisterung erzeugen kraftvolle Impulse, die dazu imstande sind, diese Substanz zu energetisieren und zu Höchstleistungen anzuregen.

Indem wir diese Geisteskräfte durch positive Bejahungen in Aktion versetzen, bauen wir damit gleichzeitig Nerven- und Gehirnzellen auf, die als Verteiler der im Körper erzeugten Lebenssubstanz wirken. Dadurch werden außerdem die mit der Nahrung aufgenommenen Vitamin- und Mineralstoffe, die im Körper gespeichert sind, verstärkt freigesetzt.

Die Medulla oblongata verrichtet in unserem Organismus eine ähnliche Aufgabe, die ein Vergaser im Auto zu leisten hat, indem er die Verteilung von vergastem Treibstoff vornimmt. Ein Mensch ohne Wagemut und Begeisterung gleicht einem Motor ohne Treibstoff. Er ist im wahrsten Sinn des Wortes „antriebslos.“ Im physischen Bereich macht sich ein solches Manko meist über die fünf Sinne bemerkbar und kann sich in Beschwerden mit den Augen, den Ohren, der Nase oder des Mundes sowie im Nackenbereich ausdrücken. Die Geisteskräfte von Wagemut und Begeisterung sind überaus mächtig und einflussreich.

Man kann nicht an sie denken oder über sie sprechen, ohne dass damit nicht gleichzeitig eine gewisse innere Erregung wachgerufen wird, die Ansporn und Motivation verleiht und den gesamten Organismus mit atomarer Energie versorgt und vitalisiert. Auf diese Weise kommt es zu einer enormen Energieanhebung im elektromagnetischen Kraftfeld, die von einem selbst und von der Umgebung sehr deutlich wahrgenommen werden kann.

Eine große zusätzliche Unterstützung dieser beiden Geisteskräfte sind Worte des Lobes, die wahren Zauberformeln gleichen, wenn es darum geht, die gefangengehaltene Begeisterung und den gefesselten Wagemut zu befreien und zu „Heldentaten“ anzuspornen.

Eine mit Lob erfüllte Atmosphäre erzeugt in jeder einzelnen Zelle ein dementsprechendes Echo und erlöst sie damit aus ihrer Blockierung. Sie reagiert unmittelbar darauf, indem sie all das, was der göttlichen Ordnung widerspricht, entlässt, um sich nach dem Höchsten und Besten auszurichten, nach der Vollkommenheit der Schöpfung. Perpetiel ist der mächtige Lichtfürst aus dem Erzengelbereich, an den wir uns vertrauensvoll wenden können, wenn wir das Bedürfnis haben, die Geisteskräfte von Wagemut und Begeisterung in uns zu neuem Leben zu erwecken und zu verstärkter Tätigkeit anzukurbeln.

Auf dem apricotfarbenen Lichtstrahl lässt er uns seine himmlischen Hilfen zuteil werden und vermittelt uns die Impulse, die wir brauchen, um Enthusiasmus, Inspiration und Lebensfreude zu gewinnen, Vorzüge, die es vermögen, dem Leben Flügel zu verleihen, um dann endlich den Höhenflug antreten zu können, von dem man schon so lange geträumt hat.

Wagemut und Begeisterung
Affirmationen

Wagemut und Begeisterung verhelfen mir zu den wundervollen Ergebnissen, die ich mir vorstelle und wünsche. Alle Hindernisse und Blockierungen lösen sich jetzt vollständig auf und ich gehe den herrlichsten Bedingungen für Gesundheit, Glück und Erfolg entgegen.

Dies ist die Zeit für Wunder in meinem Leben. Ich sprühe vor Wagemut und Begeisterung und stürme mit Mut und mächtigem Gottvertrauen voran, um die Dinge zu erledigen, die ich mir vorgenommen habe und die jetzt getan werden müssen.

Neue Wege öffnen sich jetzt vor mir und voll Freude und Begeisterung gehe ich einem Leben in Gesundheit, Glück und Erfolg entgegen, das mir durch Gottes wunderbare Führung bestimmt ist.

ICH BIN erfüllt mit Wagemut und Begeisterung, die in mir ein loderndes Feuer entfachen und Energien vermitteln, die ich jetzt brauche, um meine Durchsetzungskraft zu entfalten und Erfolg zu haben.

Alles und jedes bringt mir jetzt Glück, Erfolg und wunderbare Ergebnisse, denn Wagemut und Begeisterung sind meine ständigen Begleiter und geben mir das „gewisse Etwas", das mir Flügel verleiht und mich zu höchsten Höhen emporträgt.

Voll Freude und Zuversicht erwecke ich Wagemut und Begeisterung in mir und lobe diese herrlichen Geisteskräfte, die mir ein neues Lebensgefühl vermitteln und unermesslichen Segen in mein Dasein bringen.

ICH BIN Wagemut und Begeisterung und damit ein reicher Gnadenstrom für die Welt, in der ich lebe. Die Fülle der Schöpfung ist unbegrenzt und steht jedem überall zur Verfügung. Ich lobe und preise meine Welt als die vollendete Schöpfung eines allmächtigen, weisen Gottes. Alles und jedes dient meinem höchsten Wohl und bringt mir jetzt Glück, Erfolg und großen Segen.

Wagemut und Begeisterung entfachen den schöpferischen Funken in mir und verhelfen mir zu der Inspiration, die ich brauche, um Großes mühelos vollbringen zu können. Ich sage Dank für die wundervollen Ergebnisse, die mir aus dieser Erfahrung zufließen.

Die Geisteskraft der Ausscheidung

ERZENGEL OMNIEL

Die Geisteskraft der Ausscheidung ist wahrlich ein himmlisches Geschenk, denn sie ist die Kraft in uns, die es vermag, alles Alte, Überholte, Unbrauchbare, dem wir entwachsen sind, wegzuschaffen, damit das Gute, Neue, Lebenserhaltende seinen Platz in uns finden kann. Um Türen und Tore für neue Chancen und bessere Bedingungen öffnen zu können, müssen jedoch zuerst sowohl geistiger Ballast als auch irdischer Abfall entsorgt werden. Die Geisteskraft der Ausscheidung arbeitet unaufhörlich daran, Hemmungen und Blockaden in unserem Fühlen, Denken und Handeln zu überwinden und sämtliche Schadstoffe aus unserem Körper zu entfernen. Die Tätigkeit dieser Geisteskraft umfasst damit das Ausscheiden von Abfallprodukten aus unserem Körper, als auch aller negativen Empfindungen und unliebsamer Erinnerungen, die sich im unterbewussten Gefühlsbereich angesammelt haben. Die Geisteskraft der Ausscheidung hat ihren Sitz in Drüsen im Darmbereich und damit in der Zone des Unterbewusstseins. Dieses Nervenzentrum ist höchst sensibel im Zusammenhang mit Materie und Finanzen, weshalb ein krampfartiges Festhalten an materiellen Gütern zu einer Stagnation der Ausscheidungskraft führen kann. Die naturgemäße Aufgabe der Ausscheidungsorgane ist es, Unnützes, Unbrauchbares abzutransportieren und wegzuschaffen, anstatt es krampfhaft festzuhalten. Sowohl körperliche Entspannung als auch eine Aktivierung der Geisteskraft des Willens sind wirkungsvolle Hilfen, um das eigensinnige Festhalten an Überholtem besser aufarbeiten und schneller ablegen zu können. In einem gesunden Körper gibt es keine Blockaden und Stauungen. Sein gut funktionierendes System der Assimilation und Ausscheidung ist absolut perfekt. Er arbeitet mit hoher Intelligenz und größter Präzision beim Aufnehmen von Nährstoffen und beim Ausscheiden von allem, was unbrauchbar geworden ist. Substanzen, die ihre Schuldigkeit getan haben und zu einer nutzlosen Masse geworden sind, werden abtransportiert, um Raum für vitale, nährende Stoffe zu schaffen. Auch unsere Gedanken müssen ähnlich unserer Nahrung, „verdaut" werden, denn sonst führt das zu einer „geistigen Verstopfung", was alle möglichen Arten von Gesundheitsproblemen mit sich bringen kann. Stress, Angst, übertriebener Materialismus oder Unversöhnlichkeit und Starrsinn erzeugen mentale Gifte, die den Ausscheidungsprozess ganz erheblich beeinträchtigen können, wenn man den universellen „Fluss des Lebens" auf diese Weise behindert, weil man es verabscheut, das Alte gehen zu lassen, um Platz für Neues zu schaffen. Auf diese Weise verstopft man sein Leben mit wertlosen Relikten aus der Vergangenheit und das hat eine Stagnation auf körperlicher und auf geistiger Ebene zur Folge.

Besinnen wir uns jedoch darauf, das Gute, Positive, Liebenswerte, sowohl bei uns selbst als auch bei unseren Mitmenschen zu erkennen und diese weder zu bewerten noch zu verurteilen, dann vollzieht sich damit gleichzeitig auch eine positive Veränderung in unserer Energieaufnahme über die Atmung.

Je subtiler wir nämlich in unserer Gedanken- und Gefühlswelt werden, umso sensibler werden unsere Lungen für eine feinere, höherschwingende Sauerstoffqualität aus dem Äther. Das findet seinen Niederschlag in einem erhöhten Ozongehalt im Blut, was den Körper wiederum dabei unterstützt, seine Abfallprodukte leichter und schneller loswerden zu können. Aus dem opalisierenden Strahl des göttlichen Lichtes kommt uns Erzengel Omniel entgegen, um uns seine Hilfe anzubieten, wenn unsere Geisteskraft der Ausscheidung nach einer Neubelebung verlangt. Sobald wir dazu bereit sind, vertrauensvoll seiner Führung zu lauschen, gibt er uns den Schutz und die Sicherheit, die wir brauchen, um ohne Angst und Vorbehalte einen Blick in das Unterbewusstsein zu wagen und um verdrängte Erinnerungen an unliebsame Themen aus diesem Leben oder aus einem früheren ans Tageslicht kommen zu lassen, damit sie betrachtet und dann endgültig losgelassen werden können. Durch den Akt des Loslassens kann man niemals etwas verlieren, was einem dem göttlichen Gesetz nach zusteht. Man macht damit nur den Weg frei, damit sich das Gute überall im Leben ausbreiten und manifestieren kann.

Ausscheidung
Affirmationen

Frohen Herzens lasse ich freiwillig alles los, was mich blockiert und belastet, weil ich weiß, dass ich damit Freiraum schaffe für neue Chancen und bessere Bedingungen. Für jede Phase meines Lebens finde ich jetzt die vollkommene Lösung.

Ich reinige meinen Geist und meinen Körper von wertlosen Gedanken und überholten Verhältnissen. Alles, was meinem höchsten Wohl widerspricht, lege ich in Gottes Hand und vertraue mich SEINER liebevollen Fürsorge an, weil ich weiß, dass SEIN Wille für mich Gesundheit, Glück, Wohlstand und alles erdenklich Gute ist.

Willig lasse ich jetzt jede Ursache los, die meine vollkommene Heilung in irgendeiner Weise blockiert. ICH BIN mit der Geisteskraft der Ausscheidung gesegnet und entlasse gerne alles Unbrauchbare, um Platz zu schaffen für all das, was ich mir vorstelle und wünsche.

Ich habe den festen Willen, wertlose Gedanken und überholte Verhältnisse aus meinem Leben zu entlassen. Ich weiß, dass ich damit im Vorteil bin, weil ich jetzt die Voraussetzungen schaffe, damit sich neues Glück, Erfolg und Zufriedenheit in meinem Leben manifestieren können.

ICH BIN frei von allen Einschränkungen und Begrenzungen, die mich bei meinem Vorwärtskommen behindern, denn ICH BIN mit der Geisteskraft der Ausscheidung gesegnet und vertraue mich der göttlichen Führung an, die in mir ihr vollkommenes Werk tut.

Ich lasse alle Gedanken, Gefühle und Situationen los, die Unordnung, Leid oder Bitterkeit in mein Leben bringen. Leichten Herzens lasse ich alles los, was mir zu schwer geworden ist und übergebe es Gott. SEINE Liebe vollbringt in mir ihr vollkommenes Werk und macht mich leicht und unbeschwert.

Göttliche Liebe löst jetzt alles in mir und um mich herum auf, was mich blockiert und belastet und den Fluss meines Lebens behindert. Göttliche Intelligenz regiert jede Funktion meines Körpers und jede Situation meines Lebens. Ich lasse los und vertraue darauf, dass ich unter dem göttlichen Schutz sicher und geborgen bin.

Die Geisteskraft des Lebens

ERZENGEL GABRIEL

Das Wunder „Leben" besitzt universelle Schöpferkraft, die sämtliche Schranken überwindet und die mit nichts auf der Welt zu überbieten ist. Unser Körper ist ein atomares Gefüge, denn er besteht aus Abermillionen von Atomen. Im Zentrum eines jeden Atoms leuchtet ein Lichtfunke - die Lebensenergie - die von vielen kleineren Lichtern ununterbrochen umkreist und gestärkt wird.

Durch die Macht unserer Gedanken und Worte sind wir dazu in der Lage, diese unermessliche, atomare Energie in unseren Zellen freizusetzen und immer wieder zu erneuern und zu verstärken, um sie zu allen Organen und Funktionen unseres Körpers zu entsenden. Wenn wir die Geisteskraft des Lebens zu erhöhter Aktivität anfeuern, wird jede einzelne Zelle ganz unmittelbar davon beeinflusst und vitalisiert, weil sie eine unmittelbare Resonanz zum Wunder „Leben" hat. Die Geisteskraft des Lebens hat ihr Aktivitätszentrum in den Keimdrüsen, in den Organen, die dafür zuständig sind, dass neues Leben auf dieser Welt entstehen kann. Im Akt der Zeugung liegt für uns Menschen die Macht, neues Leben manifestieren zu können, womit wir uns zum Mitschöpfer Gottes emporschwingen.

Der Begriff „Leben“ ist damit im weiteren Sinn ein Synonym für Sexualität, ein menschlicher Urtrieb, der seine Vollkommenheit in der Liebe findet. So groß und einmalig wird die Kraft der Liebe im Kosmos bewertet, dass sie diese Macht der Schöpfungskraft innehat. Aktivieren wir diese universelle Geisteskraft des Lebens ganz bewusst, dann wird damit gleichzeitig auch die Vitalenergie in den Geschlechtsdrüsen gestärkt und in den gesamten Organismus weitergeleitet.

Diese Vitalenergie steigt über das Rückenmark spiralförmig empor und fließt schließlich über zahllose Nervenverteilerzentren in alle Bereiche unseres Körpers. Werden diese Urkräfte jedoch in irgendeiner Weise unterdrückt oder begrenzt, dann kann sich das in Komplexen und Verklemmungen äußern, was die Gesundheit und die Lebensfreude stark zu beeinträchtigen vermag.

Alle übrigen Drüsen sind ganz eng mit den Keimdrüsen verwandt und in ihrer Funktionsfähigkeit von ihnen abhängig. Das Energieniveau aller anderen Drüsen wird also unmittelbar von der Geisteskraft des Lebens in den Keimdrüsen beeinflusst. Indem wir uns ganz bewusst mit dem göttlichen Geschenk des Lebens beschäftigen und dieses freudig und dankbar annehmen, übertragen wir diese Vorstellung gleichzeitig auch auf Geist, Seele und Körper und damit auf alle Angelegenheiten unseres Lebens. Denn dieses Wort „Leben“ hat die Macht, unser gesamtes Sein mit neuer Energie aufzuladen und uns dadurch mit frischer

Lebenskraft und Lebensfreude zu versorgen, wodurch unser Lebenspotential ganz enorm gefördert wird.

Gabriel ist der hohe Fürst aus der Hierarchie der Erzengel, der uns mit dem weißen Licht und seiner universellen Strahlkraft entgegentritt, um uns Lebenshilfe anzubieten, wenn wir ihn darum bitten. Das weiße Licht ist eine Energie, die sich als Summe aller Farben im Licht bezeichnen lässt und die damit alles in sich trägt, was zur Lebensbewältigung hilfreich und unterstützend ist.

Im weißen Licht symbolisiert sich die unermessliche Kraft der Universalsonne, die im gesamten Kosmos ihre Strahlkraft in alles Leben ergießt, um ihm seine Daseinsgrundlage zu gewährleisten. Gabriel, der Lebensverkünder, unterstützt uns liebevoll dabei, wenn wir unser Dasein mit lebensbejahenden Energiestrukturen verbessern wollen, um unsere Lebensbewältigung leichter und effektiver gestalten zu können. Im weißen Licht liegt universelle Lebenskraft und eine kosmische Heilenergie, die es vermag, das Schwingungspotential aller Zellen sowie des elektromagnetischen Feldes zu erhöhen, um so die Aufwärtsentwicklung in unserer Evolution zu beschleunigen.

So betrachtet können wir die Geisteskraft des Lebens gar nicht hoch genug einschätzen. „Leben" - dieses unendlich wertvolle göttliche Geschenk, das unserer Seele die Möglichkeit gewährt, ihre spirituelle Entwicklung voranzutreiben, um ihr damit den Heimweg - zurück zum Licht - zu gewährleisten.

Leben
Affirmationen

ICH BIN die strahlende Gegenwart meines Lebens und die vollkommene Erfüllung meines göttlichen Planes. Ich lebe mein Leben zum höchsten Wohl für mich und meine ganze Umwelt.

Ich liebe mein Leben und danke meinem Schöpfer für die herrlichen Chancen und die wunderbaren Ergebnisse, die damit verbunden sind. ICH BIN ein Lichtwesen auf dem Weg in meine ewige Heimat.

Ich lege mein Leben und alle meine Hoffnungen, Wünsche und Sehnsüchte voll Vertrauen in die liebevollen Hände meines gütigen Schöpfers. Nur das Höchste und Beste kommt auf mich zu, denn Gott sorgt für mein Wohl an Körper, Geist und Seele.

ICH BIN mit kraftvollem Leben erfüllt, das aus der Quelle des universellen Lichtes stammt. ICH BIN der sich ständig erweiternde Ausdruck des unendlichen Lebens und damit bin ich ein Teil des Großen und Ganzen zum Lob und zur Ehre Gottes.

Ich stelle mein Leben und all meine Angelegenheiten voll Vertrauen unter den göttlichen Schutz. Damit gehe ich leicht, unbeschwert und ohne Angst und Zweifel durch mein Dasein. Ich genieße mein Leben in vollen Zügen und bin unsagbar dankbar dafür.

Das göttliche Geschenk des Lebens fließt durch meine Adern, durchströmt jede Zelle meines Körpers und erfüllt mein Herz mit Freude und Zuversicht. Meine Augen leuchten und mein ganzes Wesen strahlt vor Gesundheit, Vitalität und Vollkommenheit.

ICH BIN ein Mitschöpfer Gottes, machtvoll, stark und mit universeller Lebenskraft erfüllt. Alles in meinem Dasein geschieht genau zum richtigen Zeitpunkt und in vollendeter Harmonie und Ordnung.

ICH BIN im Einklang mit der Quelle des universellen Lebens, die reiche göttliche Substanz für mich bereithält, wann immer ich mein Bewusstsein darauf richte und darum bitte. ICH BIN mit göttlichem Leben erfüllt und damit ein Teil des Lichtes aus dem Herzen Gottes. ICH BIN das Licht aus dem Lichte und damit wahr und ewig.

SO IST ES – DANK SEI GOTT

Das Dankgebet der Lichtarbeiter

Allmächtiger, gütiger Gott – wir alle wissen um die Macht der Liebe, die in DIR ihren Ursprung hat und uns überreichlich zur Verfügung steht. Gemeinsam sagen wir DIR Dank für DEINE unermessliche Gnade und für DEINEN Segen, der uns aus DEINEM liebevollen Herzen ständig zufließt, damit wir daraus Kraft, Trost und Hilfen zur Verwirklichung all dessen erfahren können, was unser großes Anliegen ist, nämlich mit Liebe dem Großen, Ganzen unseren Dienst anbieten zu können.

Erfülle uns mit dem Siegel des Sieges, im Zeichen des Lichtes und seiner alles bereinigenden, universellen Kraft. In unserem Herzen ist der Wunsch zur Tat voll erwacht und wir sehen unserer Aufgabe mit Freude und Zuversicht entgegen.

Nimm unser Gebet als ein Zeichen unserer Bereitschaft zum Aufbruch und sieh, wie sehr wir darum bemüht sind, an uns zu arbeiten, um uns würdig zu erweisen, dem großen Aufruf an die Lichtarbeiter Folge leisten zu können.

Am Ende eines langen und oftmals schweren Weges ist das Licht, dem wir uns innig verbunden und verpflichtet fühlen, zum Sieg für uns geworden. Wir danken DIR aus tiefstem Herzen dafür, dass DU uns berufen und zusammengeführt hast, damit wir im Zeichen der großen Evolution unseren Teil dazu beitragen dürfen, auf dass sich DEIN göttlicher Plan, im Sinne der Einheit im Licht, erfüllt.

So ist es, gesprochen im Namen unserer Gottgegenwart: ICH BIN das ICH BIN.

Die 12 Geisteskräfte und die dazugehörigen Drüsen

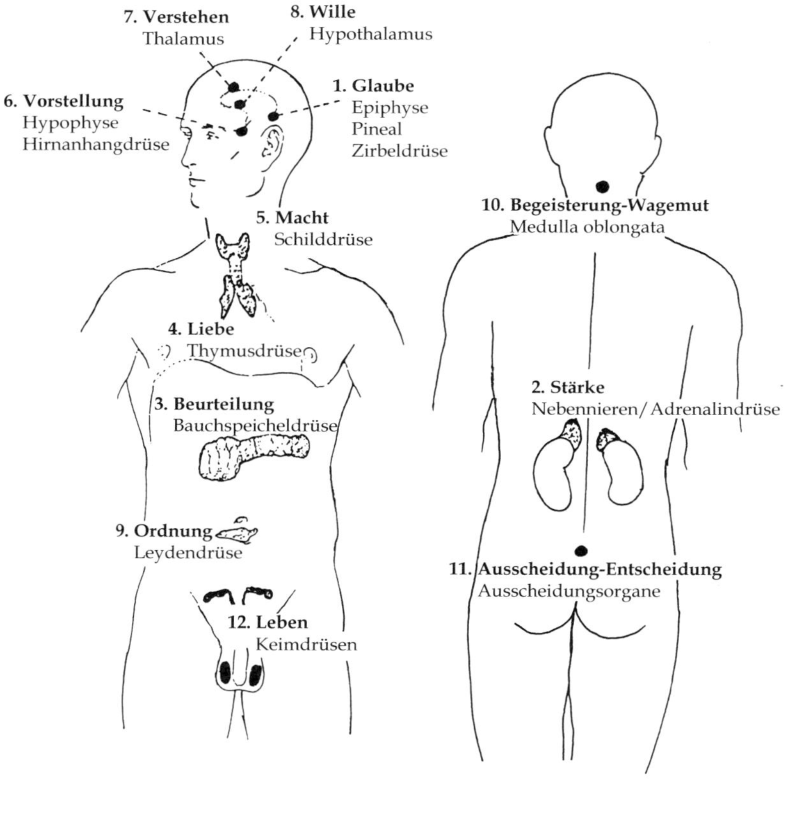

Bezugsquellenhinweis

* Farblicht –Therapieset

* Farbenergiespender

* AURA – SOMA – Farböle

* Informationen über Seminare
und Einzelberatungen

Weitere Bücher von Waltraud-Maria Hulke

„Das Handbuch der heilenden Energien“

„Das Farbenheilbuch“

„Das große Handbuch der Magnetheilung“

„Erzengel – lichtvolle Helfer“

Waltraud-Maria Hulke
Hangweg 5, A-9062 Moosburg
Tel. (+43) 04272-825 65 Fax: (+43) 04272-825 67
Mobil: 0676-700 12 30
www.yaahu.at
E-Mail: w.m.hulke@yaahu.at

Klaus Mirtitsch / Roland Neffe

Die Reise zum Inneren Kind

Eine geführte Meditation zum inneren Kind

CD, Spielzeit 45 min, **ISBN 3-902193-04-2**

Wie gründe ich einen **„Hexenzirkel"**

Ein Handbuch in WICCA-Schrift

62 Seiten, Format 10,5 x 14,8 cm,

ISBN 3-902193-03-4

Enrico Nadrag

Runen Wege

Vom Raunen der Runen bis zur
Alltags-Magie

132 Seiten, Format 14,8 x 21 cm,

ISBN 3-902193-01-8

Klaus Mirtitsch

Reiki

Edelstein – Anwendungs – Praxis

113 Seiten, Format 14,8 x 21 cm

ISBN 3-902193-00-X